从故事到知识

FROM STORY
TO KNOWLEDGE

政治社会学
观察

张静 著

中国出版集团
东方出版中心

图书在版编目（CIP）数据

从故事到知识：政治社会学观察 / 张静著.

上海：东方出版中心, 2024. 8. -- ISBN 978-7-5473
-2482-0

Ⅰ. D0-05

中国国家版本馆CIP数据核字第2024YW1147号

从故事到知识：政治社会学观察

著　者　张　静
责任编辑　陈哲泓　时方圆
装帧设计　陈绿竞

出 版 人　陈义望
出版发行　东方出版中心
地　　址　上海市仙霞路345号
邮政编码　200336
电　　话　021-62417400
印 刷 者　上海万卷印刷股份有限公司

开　　本　890mm×1240mm 1/32
印　　张　9.125
字　　数　160千字
版　　次　2025年2月第1版
印　　次　2025年2月第1次印刷
定　　价　65.00元

目录

I CONTENTS

前　言

　　这本文集汇聚了我近年的研究。主题有二，其一有关研究问题的思维方式，比如研究性提问的方向差异。我的重心不在"如何做"的方法，而在"做什么"的问题选择。因为在政治社会学研究中，论题往往影响方法，大部分的研究障碍在于对何者是重要问题的判断选择。其二有关在各地发生的实践案例，希望借此揭示重要的社会变化及其理论意涵。这些变化发生在局部区域，虽然尚不够系统，但我注意到这些发展，是因为它们显示了在正式制度中较难发现的实践多样性。

　　上述有些文章在不同期刊上发表，在编入此文集时，又逐一进行修订，以提升表述的准确性和简洁性。我希望展示给读者的，不是结论，而是社会学的观察和思考方式。

张　静

北京双清苑

2024 年 4 月

当社会学面对历史[*]

我希望讨论五个问题：第一，社会学为何看重历史材料；第二，社会学与历史学的提问差别；第三，证据和观点的关系；第四，理论逻辑和历史偶然性；第五，特殊因果与一般因果。我试图总结一些分析特征，只是基于我较熟悉的政治社会学，可能范围较窄，也许不能代表整个社会学。

社会学为何看重历史材料？

社会学的学科"人设"，是关注当代问题，强调方法和一手资料，属于经验科学。这些基本印象带来了对社会学的批评：问题细碎，沉浸深描，高数据低意义。但社会学的历史研究显然并非如此——它特别关注历史信息显示的长程、基础及系统影响导致的结果，尤其是那些具有宏

---

* 本文最初为 2023 年 4 月 27 日浙江大学《历史与社会》期刊研讨会上所作的报告，之后根据报告要点扩展写作而成，发表于《北大社会学刊》2024 年第 3 辑。

观现实意义的质性变化。这个领域集聚了不少出色的社会学家，如马克思、韦伯、李约瑟、摩尔、托克维尔、艾森斯塔德、埃利亚斯、斯考切波、梯利、拉赫曼、古德斯通、格瑞夫、魏昂德等。他们利用数据，更引人注目的共同特点是采用定性分析，试图提出具有普遍意义的问题。这些问题从历史出发，但关心的是求解从历史到现今的连续性影响。这里的"连续性"是指，尽管这些因素出现于过去，但直到今天还在发挥作用，可以看到它们给现今带来的重要改变，或者是不变。

为何社会学使用难以定量的历史材料？我以为有如下原因。

首先，历史材料沉淀了一段时间，稳定、方便比较，一定程度上可以超越短期的时局变动、群体利害及意识形态影响。远距离观察客观现象，有助于由结果追索的向始思考，从现今回溯长程变迁的起因和机制。社会学对于长程社会变迁有特别兴趣，不是指日常微观的小变化、小演进，而是指撼动社会结构的变化，社会学称之为质变，从而解决社会学常出现的"可量化但无意义"的问题。在这里，材料只是了解历史的第一步，但如果仅仅堆积材料，就永远不可能理解历史。因而，在社会学的历史分析中，思维方式与材料具有同等重要性。

其次，虽然是讨论长程变迁，但社会学的时间观念，与其说是经验论式的（以自然的顺序变化为标准），不如说更是一种性质论式的（以界定的质差变化为标准）。在我看来，这是定性分析最主要的特点——运用分析的眼光，去发现事物性质的差异性变化。因此，性质类别划分所基于的标准，对社会学非常重要，它们源于分析性的理论判断。比如传统与现代、帝国与民族国家、资本主义与社会主义的历史变迁，都不仅仅是自然意义上的时间顺序，而是一种性质差别意义上的时间顺序。

这就意味着，作为一种分析证据，历史材料提供的不仅是时间延续信息，对于社会学而言，它们还包含着可被研究者认识、能够通过分析过程加以甄别界定的"性质"变迁信息。不同于经验论的时间观，性质论的时间观并非只将历史看成自然的历史，它还是人为的意志和活动的行为历史，和人类的文明追求及认知选择有关。正是因为这一点，性质论的时间并非只有一个方向，比如威权体制不一定走向民主体制、现代可能回到传统、民族国家可能回归帝国形态、社会主义也可能走向资本主义。换句话说，历史不一定按照已了解判定的方向自然行走，所以需要不断地再认识。

这种时间观使社会学面对复杂的研究问题，需要结合纵向（进展）和横向（比较）两种不同的方式展开。比如文化差异可以横向比较，但文明需要用纵向演进的统一标准衡量，不然就缺乏共性特征。因而，对于社会学而言，通过历史材料希望可以"看同"——搞明贯通现今的长期影响因素是什么；也可以"看异"——弄清哪些因素已经发生了质变，是什么性质的质变，由什么动力推动。经社会学比较得出的差异特征，目标往往不仅仅是彰显不同标准的差异——比如文化的差异性，更重要的在于统一标准的差异——比如文明的差异性。

这个绕口令式的论句容易使人困惑，但我认为区分它们是必要且关键的，尤其是当我们和史学研究进行比较时。面对资料，历史学最常见的问题一般是"发生了什么"，"它是不是真的"，在这方面，社会学需要依赖历史研究的成果。但这些"真"的差异可能只是文化意义上的，似乎不存在统一的评判标准。而社会学希望从这些"真"差异中，分析另一种可共用标准衡量的"异"。比如历史学发现，传统各有不同样式，但社会学试图衡量，不同传统对于社会变革所起的作用及带来的结果。衡量这种作用和结果必须具有趋近和通用的标准。在分歧的意识形态、国家利益等政治现实下，这些标准如何产生、如何得到广泛认可往往变成难题，但社会学从未放弃，一直在探索。

社会学与历史学的提问差别

很多人认为，分科史学，比如政治史学，与政治社会学的共同点是，都对历史中的政治现象有兴趣。我认为虽然可以这样说，但这种界定并不重要。原因是，这种说法暗含对社会现象进行政治、经济、文化界分，似乎政治现象与经济或文化现象可以分别进行独立分析。事实上我们无法拆开它们，因为很多重要的政治变革是经济发展甚至经由经济决策开启的，比如税收和法律制度变动、政治权利变动的关系；还有不少经济变化如果不从政治或社会行为的视角分析，就很难得到解释，比如高速铁路在中国的立项历史。所以在社会学看来，注重对象的学科区分意义不大。

尽管受过良好社会科学训练的历史学研究，和受过良好历史学训练的社会学研究，实际上很相像，但我们还是可以体会到历史学和社会学的焦点存在差异。社会学研究的最高目标是针对解释性知识的，这表现在提出问题的方向上：从经验事实与理论逻辑的矛盾及不契合出发。社会学虽然也重视描述现象，但倾向于认为，对解释性问题的回答，在知识上价值更高。这并非轻视对基础材料的爬梳，而是希望基于信息了解，提出进一步的认识目标，力求避免埃利亚斯所批评的：（仅仅）针对各种一次性事件……所以（将）某些特定的个人活动和特征，处于问题关切的中心，而非对其为何具有这样的角色地位展开系统研究。（这导致）人们称为历史的东西，看起来往往是某些个体单一行动的累积。①

---

① 诺贝特·埃利亚斯：《宫廷社会》，林荣远译，上海译文出版社，2020年，前言。

因此，面对历史材料，社会学和历史学看似有共同的研究对象：事件、历程、人物、观念、行为……但其提问的重心有可被观察的区别：历史学首先是寻求可信的史实真相，而社会学总是试图发现影响要素和机制。这当然需要依赖对真实材料的掌握，但两者呈现不一样的问题指向：历史学挖掘历史事实，寻找有序列联系的史实，指向事实性问题：发生了什么，它是不是真的？例如思想史研究聚焦谁说了什么，他的意思是什么？但相对而言，社会学更希望揭示关键的影响关系，指向解释性问题：为什么会如此？例如同样针对思想史，社会学会好奇，为何这个思想产生了广泛影响，为何它会成为主流从而支配了社会走向（引发变革）？

说历史学完全不关切解释性问题是不公正的。很多出色的历史研究提出的问题完全是解释性的。比如，为什么中华帝国持续了大一统局面，而罗马帝国、上古和中世纪其他帝国都瓦解了呢？中世纪的革命使得中国经济在1100年之后执世界之牛耳，这场中世纪革命的原因究竟何在？中国科技在历史上曾经位处世界领先，可为什么在1350年后，中国的技术进步未能保持以往的速度？[1]但历史学的回答重在具体情境。由于具体情景多样且多变，可以解释一

---

① 伊懋可：《中国的历史之路——基于社会和经济的阐释》，王湘云、李伯重、张天虹、陈怡行译，浙江大学出版社，2023年，原版序。

时一地一事件，却不一定是长程变化的动因。解释这种动因，就需要回答：为何这类情况一直延续，直至今日？为何同类事件反复发生？是何种逻辑使之"不得不"如此运转？所以，社会学的提问目标不是具体而是抽象的：它更注意超越个别现象的结构性关系的形成及其长期影响。

社会学分析一般认为，只注意在给定条件下发生了什么是不够的，必须要把系统性的原因识别出来，使之与非系统性的偶然原因相区别。比如对这个问题——为何各国财富呈现巨大差异——的社会学回答：各国财富的巨大差异，主要是由于他们的社会制度和政策的质量不同，所以产生的激励结构不同。尽管有很多具体的因素存在——比如土地富饶、资本丰厚、人力充足、技术进步，都可以促进财富增长，但它们都无法脱离制度背景和政策目标单一发挥作用。因为错误的制度及政策，会对这些因素发挥作用造成妨碍：使资源无法被合理利用；使浪费性掠夺（而非有价值生产）出现；使所有人无法展开有效合作；使收益无法被大范围获得；使社会效率受阻。换句话说，只要系统性的障碍存在，具体单一要素的作用就无法显现。[①]

历史学主要是针对经验现象的，这一点和社会学有相似之处。但社会学实际上是在经验和理论两个"世界"中

---

① M. L. Olsen, *Power and Prosperity: Outgrowing Communist and Capitalist Dictatorships*, Oxford University Press, 2000.

工作，暂且分别叫作生活世界和分析世界。这并非两个对立的世界，但它们很不相同。社会学试图联系两者，在生活世界（经验、具体、复杂、丰富）和分析世界（理论、抽象、简洁、高度选择的）之间构建桥梁。做法是问题意识由理论（分析世界）而非事件引导，但证据来自经验（生活世界）而非推论。这就和过程描述、编年史等历史叙事的写作不同，因为社会学必须运用观念秩序（分析框架），对资料本身的自然秩序进行再组织化，以挖掘基础性和系统性的社会因素，例如：

> 托克维尔对于法国革命历史的叙述，服务于他对法国社会关键性局限条件的发掘：绝对专制、中央集权的官僚体系、观念的抽象性和政治经验的普遍匮乏。托克维尔使用史实，是为了揭示这些关键变量在塑造革命进程中的作用，而不是为了书写革命过程本身。他摒弃了编年的秩序，让叙事服从于观念的秩序。[①]

社会学相信基础性、系统性原因的作用，认为系统性原因属于非个人的社会原因，其效用自然可能不同程度地受到个人影响，但个人一般只能借势发挥作用，因而系统性原因区别于具体个人的表现、动机和选择。换句话说，

---

① 马嘉鸿：《夫子自道：傅勒眼中的托克维尔——读"〈旧制度与大革命〉究竟说了些什么？"》，载于"雅理读书"公众号，2017 年 10 月 23 日，https：//www.sohu.com/a/199768505＿187268。

系统性原因能够影响个人以什么方式起作用，而个人常常与社会环境相吻合方能发挥影响，但个人的选择很难全面改变系统性原因的作用。换句话说，"原因"并不能简单等同于"行动动机"。

证据和观点的关系

在实证科学里，证据和观点不是同一个东西，这一点影响到社会学研究：历史材料的作用是证据，不是结论本身，因为历史材料展示本身不同于结论，呈现故事真相也不是研究目的。结论（观点）必须通过历史材料（证据）得到证明，导致社会学不得不对证据进行选择。这一点被历史学者诟病最多。批评者说，在获得史实之前不应有目的，因为目的会隐藏或篡改不希望的真相，这不错，但了解了事实之后呢？社会学不是把仅了解事实（掌握证据只是初步目标），而是将揭示观点——这些事实说明了什么——作为最终的研究目标。

如果是这样，判断材料的重要性并加以取舍，比如忽略有些事实就成为必要。在社会学者看来，需要区分无关紧要的日常活动与改变社会结构（社会关系）、观念力量（思想和信仰）、经济及政治关系（势力分布）的时刻。因为并非所有的活动都起着同等重要的作用，大部分的人类活动，结果不过是在延续或重复社会和文化结构，并未带来显著和有意义的变化。[①] 证据往往具有时空限制的特殊性，但研究论点，社会学则追求尽可能具有相对更高的一般性。所以特殊论据是否可以得出一般性论点，这个针对经验科学的哲学辩论始终存在，而社会学不能等待，它在探索可能性。比如，在某个断代出现的证据，能否作为具有超时代长程影响的证据？社会学认为，历史证据本身可能没有回答这一点，但研究者可以根据史料及其影响后果的事实作出判断。

这种判断依赖研究者对意义的理解，以及对具有此种意义的史料在长程历史中是否可观测的整体掌握。意义——何者为重要，通常是由研究者持有的理论界定的，研究者需要把它和史料证据结合起来作出系统判断。社会学虽然依赖对材料的解读，但解读需要意义的加持方能获得系统理解。比如在《怀柔远人》的研究中，对马戛尔尼使团觐见皇帝，被要求按照中国礼仪下跪的事实的讨论，不能仅仅基于现象本身，还必须基于对礼仪代表的意义的理解，方能产生明确观点：它是表达对等级的服从，还是如同西方习惯的握手、拥抱、贴脸，只是必经的外交礼仪？

历史学是"关于背景的学科"[②]，秉持这一精神，历史

① 理查德·拉赫曼：《历史社会学概论》，赵莉妍译，商务印书馆，2017 年。

② Ivan Ermakoff, *Ruling Oneself Out: A Theory of Collective Abdications*，Duke University Press，2008，前言。中文版参见伊万·尔马柯夫：《自己出局：集体让权理论》，陈荣钢译，载于"陈荣钢"公众号，2022 年 12 月 8 日。

学似乎并不鼓励把史料贯穿而用、互相映照、对问题给予超越情景的提升。而社会学无论说明变化还是不变，都希望寻求发现一般性，而不是具体的特殊性，这种目标需要让问题超越具体情景，从特殊的证据中尽可能挖掘具有一般意义的结论。比如研究具体时空下组织派系的产生，社会学的目标在于认识影响政治派系形成的一般原因——是否不同的社会结构特征——比如阶级所属——决定了人们的政治选择倾向？还是其他的组织因素？[1] 对史学来说，不同世纪的现象对比不一定有关系，因为情景根本不同，但对社会学而言，他们可能有关，这种关联是理论逻辑上的——同是在解释并证明影响政治派系生成的要素。还比如，对比印度教与锡克教冲突的历史资料，社会学研究聚焦于宗教冲突的一般原因——宗教和政治的关系。[2] 而对史学来说，这似乎走得太远，因为冲突由复杂的特殊条件引起，有很多宗教和政治能和谐相处，所以不存在一般性的关系。但对社会学而言，它们也可能有关，因为需要解释这个一般性问题：为何部分宗教会高度政治化？显然，社会学提问试图超越具体材料（证据）本身，发现更具一般意义的东西，这种问题意识的特点，我称之为：从特殊

---

① A. Walder, "Ambiguity and Choice in Political Movements: The Origins of Beijing Red Guard Factionalism", *American Journal of Sociology*, 2006, 112(3):710-750.

② Veena Das, *Critical Events: An Anthropological Perspective on Contemporary India*, Oxford University Press, 1995.

中发现一般。[1]

理论逻辑和历史偶然性

这个问题是历史学和社会学，乃至广义社会科学结合的困难所在，也是社会学的历史研究在史学领域被接受的困难所在。有很多学者争辩，历史学和社会学的差别在于方法——如何尊重事实，如何看待客观事物，如何把材料变量化，等等。我认为这不是重要的差别，因为方法作为研究手段，往往依据问题和材料的性质而变。历史学和社会学的主要差别，在于研究希望达到的目标，而不是方法。社会学是社会科学的一种，这决定了社会学的目标——关心结论作为知识的一般性水平。它总是询问：其中有没有理论逻辑存在？除了该历史材料，它还能解释什么现象？脱离局部经验后，结论是否仍能具有解释力？能否将具体发现一般化？或者这个具体问题是否具有可一般化的价值？

这样一种关切，与经验导向的理论观（experience oriented theory）有关。这一理论观认为，理论是概念的关联（webs of concepts），用以指导并理解经验观察。评价理

---

① 张静：《从特殊中发现一般——反思中国经验的阐述问题》，载于《学术月刊》2022年第3期。

论的标准，是它让我们看到了什么，以及它与经验现象如何联系。理论表征社会现象的方式是，强调某些特征，并将它们在一个逻辑系统中联系起来。在这个逻辑系统中，如果理论命题满足两个条件则被认为是真：第一，它们与已有的理论命题相一致；第二，它精确描绘了理论与现象之间在经验上可观察的关系。[①]

　　理论是一种逻辑关系，它来自经验的证明，但本身可以超越具体经验独立存在，否则就称不上是理论（原理）。社会学瞄定和识别社会现实中那些具有原理性质的东西，是在探索一种理论逻辑。但历史学会认为，由于历史往往是在具体场景的互动中发生的，不会遵循任何一般法则，所以历史具有偶然性，所谓一般法则是外在的人为强加物。这种信念的鸿沟几乎是难以弥合的。比如，社会学运用阶级理论看待两个阵营的冲突性质，在史学看来这不仅不完全是事实，而且有时错得离谱，因为很多群体冲突并非具有阶级差别的性质。史学不喜欢任何模式化总结，认为模式化试图一般化人类的行为，往往脱离了真实史实。还比如，特劳戈特指出，1848 年的巴黎由于不发达的工业没有发展出成熟的无产阶级，革命中对立双方的阶级基础几乎是一样的，并没有一条清晰的阶级界限。而真正将两

---

① Jan A. Fuhse, "How Can Theories Represent Social Phenomena?", *Sociology Theory*, 2022, 40(2): 99–123.

个集团区分开来的是巴黎工人的年龄和组织经验。工作经历、经济脆弱性和婚姻状况的不同与年龄相关，忠诚度和团结度的不同则与组织经验相关。这两者决定了两个集团对立的政治倾向。因而，这场革命的性质不应被定性为阶级斗争，它不是由阶级冲突所引发的。[1]

有趣的是，这种尖锐的批评不但发表在社会学期刊上，而且这一研究的目的，也是试图揭示新的解释。因而它不是用经验否定理论，而是用理论否定理论——通过展示史实证据提出作者认为更正确的理论。同样，当社会学者用"集体对位"理论去分析两个具体的历史案例——1933 年德国帝国议会投票以及 1940 年法兰西第三共和国议会投票产生的意外后果——时，研究者也不是在期待一个"特例"理论，而是认为，集体对位理论"适用于一系列广泛的集体情景和行动结果"，"这些境遇与制度背景和群体背景无关。（其）过程并不限于官方团体，也不限于议会环境。所以这套理论不限时间和空间，它是独立存在的"[2]。注意到这里的差别很重要：研究者发现，实际上是一种（必然的）逻辑运行产生了（偶然）后果，而非偶然性颠覆了必然性。社会学显然希望了解，是否存在一种逻辑必然性推动了偶然现象的出现。

---

[1] Mark Traugott, "Determinants of Political Orientation: Class and Organization in the Parisian Insurrection of June 1848", *American Journal of Sociology*, 1980, 86(1).

[2] Ivan Ermakoff, *Ruling Oneself Out: A Theory of Collective Abdications*，前言。

怎样判断一种现象不是特殊的历史偶然？社会学采用的方法，是看整体上具有机制性的关联是否出现，而且能够在这个逻辑系统中导致合理的结果。对历史材料进行分析，社会学关注的不但是事实记录——故事、事件成败本身——而且是行为的动力，相互构造的关系，并描述它们的"结构生成"（社会学的语言叫作"机制"）及变化，尤其是整体、长程的机会结构概率。因此，尽管结果偶然，但形成此结果的机制可能并不偶然。比如上述关于1940年法兰西议会集体让权的投票结果研究，作者讨论了在不确定的条件下，议员的"推断性对齐"行为，如何导致了与其会前立场不吻合的意外结果。另一种方法是看整体而不是个体：比如考察干部晋升，不是几个成功者或失败者的个体结果，而是看在不同历史时期，来自哪些部门的晋升者更多、升职更快，具有明显的优势，由此揭示具体的经历、历练岗位的性质、忠诚考核、信任积累与提拔重用之间的关系。[1] 还比如，从土官和流官发挥的作用看权力分配[2]；通过团体结构和内聚程度，观察带头人更替和组织寿命之间的关系[3]；从联姻网结构的分布，看氏族与中央

---

[1] 周雪光：《从"官吏分途"到"层级分流"：帝国逻辑下的中国官僚人事制度》，载于《社会》2016年第1期。

[2] 《试述元明清时期土官与流官的权利分配》，https://wenku.baidu.com/view/2a09c9082c60ddccda38376baf1ffc4ffe47e2d5.html?_wkts（作者与年期不详）。

[3] 韩书瑞：《山东叛乱：1774年王伦起义》，刘平、唐雁超译，江苏人民出版社，2008年。

的关系及其政治立场差异①；等等。尽管存在偶然性，但很难用个案推翻这类研究揭示的系统性逻辑。

社会学对系统性的评价更高，更重视多次展现的逻辑关系而不是一次性结果。但基于历史学是"背景的学科"这一精神原则，历史学担心挂一漏万，所以看重偶然性或独特性发挥的作用。而社会学视角即使关注偶然性，也希望观察"结构中的文化偶然性"②，比如为何少许商人会成为奴隶贩子？这当然是少数现象，不是商人主流，但研究者利用跨大西洋奴隶贸易的数据库，发现在特定的历史阶段，社会网络和商人地位对进入奴隶贸易的影响显著增强。即使在不同的文化情境下，社会网络和商人地位等社会结构要素的影响效果不一，但这一发现显然也区别于纯偶然性。还比如研究权威如何对国家的宏观发展产生影响？这本来是因权威而异、存在高度偶然性的。但社会科学学者利用近代史上的太平天国运动，阐明了曾国藩如何利用他的个人网络组织军队。他们发现，曾国藩利用私人网络招兵，进行战争动员，而战后的政治权力分布，明显向与其私人网络有关的地区（家乡）转移。这说明，善于运用个人关系网络的个人，增加了影响宏观层面结

---

① Yu Hua Wang, *The Rise and Fall of Imperial China: The Social Origins of State Development*, Princeton University Press, 2022.

② Paul Ingram, Brian Silverman, "The Cultural Contingency of Structure: Evidence from Entry to the Slave Trade in and around the Abolition Movement", *AJS*, 2016, 121: 755－797.

果的机会。[①]

这些研究所提供的认识，远远超过了论述个人接近权力的偶然成败，所以可解释的现象范围就扩大了许多，凸显了理论逻辑和历史偶然性的差别。

特殊因果与一般因果

为了看到在偶然结果背后起作用的长程、系统化的现象，社会学在处理历史材料时，会关心因果关系的可解释程度，小心区别特殊因果和一般因果，从而尽可能把重心放在后者。这意味着假定所有的因果关系都有层次上的不同，研究者可以选择自己关注的重点。针对一般因果的生成关系，在社会学常见有四种重点指向，它们存在各自的优势和局限。

一是类型分析（morphological），研究目标在于发现一般类型是什么，它如何影响行为。比如，格里夫讨论由文化决定的社会组织类型，构建了一个历史比较的分析框架，通过对集体主义/个体主义两种文化类型的分类，说明了它们在贸易行为及宏观社会方面显现的不同后果：

● 集体主义文化类型

---

① Ying Bai, Ruixue Jia, Jiaojiao Yang, "Web of Power: How Elite Networks Shaped War and Politics in China", *The Quarterly Journal of Economics*, 2022.

导致了分隔信息的水平式经济活动和稳定的财富分配模式。内生的社会分隔把经济和社会活动限制于一个小团体，推动了团体内部的密切交流、实施经济或社会的集体惩罚。（因此）集体主义社会组织建立在小团体的制裁能力之上，通过口头上的制裁来对抗不正常的偏离行为。

● 个体主义文化类型

导致了低水平的交流、垂直的社会结构、经济和社会上的整合以及财富向大众（相对较穷的人）转移，这削弱了个体对任何特定集团的依赖，从而限制了每个集团使用口头制裁来对付个体成员的能力。（因此）个体主义的社会依赖公共组织，它必须建立在法律、政治和经济的公共执行、协调和制裁能力之上。[①]

这项研究揭示，小团体制裁和公共制裁，与社会文化类型依赖的运行逻辑有关。这种分析的目的，不是看个人行为样式，而是看多数行为模式导致的宏观后果。毫无疑问，它会忽略不少例外现象，把中心点放在相似性或者主流特征上，这有利于普遍的行为预测，所以更重要。而历史学并不期待预测什么，它不假定一个认识可以增加对相

---

① Avner Greif, "Cultural Beliefs and the Organization of Society: A Historical and Theoretical Reflection on Collectivist and Individual Societies", *Journal of Political Economy*, 1994, 102: 912 – 950.

关行为的宏观了解，因为人心多变，有偶然性。所以如果用史学的视角看，一般类型分析颇具问题：不见人，只见事，比如集权与分权，差序格局；用观念秩序剪裁历史秩序，用抽象肢解自然，比如传统与现代；用系统间关系或称外部的影响，解答历史自身变迁，比如冲击与回应；用静解释动，如果类型可以起作用，意味着静止地看行为。这些批评都表明，史学希望把活生生的人放置于研究中心，而描述人就无法离开个体的故事和行为。

二是要素分析（variable-centered），研究目标在于探索影响要素是什么，它导致了什么结果发生。关注要素必须将情境特征化（characterization），用概念（概括）表达特征，即把各种历史现象（材料）进行特征化重构。由于概念往往来自理论，因此它特别依赖观念预设，或者说取决于理论对经验意涵（empirical implication）形成的分析框架。这样，运用认识"重新构建"事实在社会学就自然平常，分析框架不同，所看到的事实当然有异。这通常使研究者有更大的思想伸展自由度，因而新分析框架频繁在社会学发生。它们不一定都有价值，需要思想市场的运转加以鉴别，但是对于认识历史现象，分析框架至关重要。

由于认识活动是一种分析，而非简单反射外界，故分析框架提升了现象的可分析度。分析框架是由概念关系组成的简化描述/推论图。其中的概念代表现象之间的关系，是对现象的抽象表达，分析框架组织了材料的叙述方向，是研究的简洁逻辑线。社会学分析无法离开框架，因为需要用它概括事实——那些值得注意的重要事实；分类事实——把它们区分开来，说明特征；明确事实间的影响关系——筛选并表现重要的关联；形成推论——揭示事实（论据）间的因果逻辑联系，形成论点（结论）。因此，在社会学分析中：

> 很多事实是在特定的分析框架下发现的。没有分析框架，人们难以运用抽象的类别定义，形成不同于自然人的分析性人——比如角色；或者不同于自然行为的分析性行为——比如法律责任；或者形成不同于自然时间的分析性时间——比如传统与现代；或者形成不同于自然空间的分析性空间——比如国家与社会；或者形成不同于自然经济的分析性形态——比如再分配经济与市场经济；或者形成不同于自然政体的分析性政体类别——比如帝国与民族国家；或者形成不同于社会自然关系的分析性结构——比如阶级关系。①

这种分析引发的问题是容易过度解释，把历史学者认为的正常事实，看成例外要素，因为它们不符合公认的分析框架。例如：

> 德川时代的日本将商业化和持续存在的封建制度

① 张静：《社会转型研究的分析框架问题》，载于《北京大学学报》（哲学社会科学版）2019 年第 3 期。

结合起来……（这）表明，以前被认为是资本主义发展明确信号的条件——比如劳动力和土地的灵活产权、广泛的市场以及工业和商业财富的积累——实际上在许多没有经历早期资本主义过渡的情况也能发现。（所以需要）修改我们对导致现代资本主义增长机制的理解。①

如果分析框架的作用是衡量事实的"标准"，合乎逻辑地，有多少分析框架，实际上就会有多少标准。这些标准作为一种独立于事实的预设，可能在认识事实的时刻，对它们进行标准化裁量。所以，当我们试图认识社会时，辨别究竟是社会本身转型还是分析框架转向，变得更困难了。学者经常遇到的问题是，如果我们不改变分析框架，就无法发现一些特定事实。比如，只有运用"传统与现代"的分析框架，才可能"发现"社会行为规则中，不同于传统的现代性要素。如果不认同于此，就不会觉得这些所谓的"现代性要素"有多么了不得，因为它们不过是传统的自身生长而已。对于拒绝"转向"的研究者来说，传统向现代的"转型"根本不能成立，因为它不是社会事实的转型，而是分析框架转向产生的新表述。所以人们经常看到，不同学者所述的"事实"有时难以共享，因为争议

---

① Mark Cohen, "Historical Sociology's Puzzle of the Missing Transitions: A Case Study of Early Modern Japan", *American Sociological Review*, 2018, 87(2).

的实质，与其说是事实本身，不如说是这些难以共享的分析框架。

三是作用机制分析（mechanism），研究目标在于揭示影响的运行过程，以展现事物变化的关键激化环节。因为在很多情况下，可能发生影响的因素都存在，但变化并没有发生。社会学会认为，这种情况是影响因素没有运行机制活跃存在。运行机制是一种活动现象，比如，铁和空气中的氧结合形成铁锈，但需要依赖氧化（机制）的运行，没有活跃的氧化过程，要素就不能变化。机制研究者认为，社会运行必须在解释中占据中心地位[1]，运行使要素活跃，运行机制是真实存在的过程，可以被证实。运行机制的特征，一是有联结作用：它能够将某些因素联系起来，使之发挥相互作用；二是有促动力：它能够驱动（引发）事实发生变化。[2] 而认识可以发现机制，"人比数据更聪明，因为数据不知道因果，而人类了解"[3]。

以下述研究问题为例：为何19世纪中国的工业革新受阻？即为何在中国近代，已经出现农业富裕的劳动力和资本积累这些发展要素，仍然难以启动类似工业革新的历史

① Neil Gross, "The Structure of Causal Chains", *Sociological Theory*, 2018, 36(4): 343 - 367.
② Mario Bunge, "Explanation and Mechanisms", *Philosophy of the Social Sciences*, 1997, 27(4):410 - 465, 转引自唐世平：《因素和机制：我的浅见》，https:// blog. sina. com. cn/s/blog _ 744a73490100p77a. html。
③ 朱迪亚·珀尔、达纳·麦肯齐：《为什么：关于因果关系的新科学》，汪生、于华译，中信出版集团，2019年，前言。

进程？社会学研究不是仅仅讨论这些要素本身，而是试图寻找何者使得这些要素活跃起来，从存在但作用甚微的状态，转化为工业革命可利用的资源。社会学的历史研究发现，政治因素——秉持父爱主义（paternalist）治理观念的政府组织，在各种商民或阶级冲突中，一般倾向于维护弱者的利益，而不是保护投资人，其社会后果是，投资人往往面临不确定性。比如，各种军事活动把没收商人财富视为正当，这些机制提升了商业活动的交易成本和风险水平，抑制了产业和商业角色的社会扩张能力。因而，承担上述转化作用的角色（商人）尽管存在，但其活跃性因上述机制受阻，故难以大规模产生推动工业革新的效果。[①] 换句话说，如果缺乏机制活跃促使要素作用，那些发展要素即使存在，也难以转化为工业革新可利用的资源。

四是推动力分析（genetic），研究目标在于追寻一种现象从何而来，是什么推动了它的出现。这种分析有时也被称为溯源，注重看长程的历史学者往往也会这么做，所以这种研究焦点和史学最为接近。推动力分析是深入历史情境的，它相信每个一般性要素在不同历史条件下的作用可能不同，完全可能随着历史进展发生变动。比如马尔科夫发现，1789 年法国大革命之前，法国贵族和第三等级在特

---

① Ho-fung Hung, "Agricultural Revolution and Elite Reproduction in Qing China: The Transition to Capitalism Debate Revisited", *American Sociological Review*, 73: 569 - 588.

定事件上的一致性（agreement），随着城镇规模、精神生活（intellectual life）、经济危机等其他因素而变化。所以1848 年的革命，不是由阶级问题而是城市问题引起的。在这位研究者看来，关于阶级的一般政治倾向问题没有一个简单的答案，因为很多因素共同决定人们的政治倾向变化，我们几乎不可能辨识出单独的显著因素，即使像阶级起源这样重要的社会特征，也不能预测人们的政治倾向。[①]

推动力分析特别关注独有的历史情境，例如地缘政治，国家间的历史关系——政治关系、殖民关系、经济关系、种族关系、主权配属关系等——对社会行为产生的影响。比如对于解答"为何在韩国有大量信徒改变了宗教信仰"，有研究者写道：

> 地缘政治冲突事件乃至国家关系作为重要的因素，影响到国内民族主义文化运动的指向，这可以解释外来宗教的传播结果。韩国爆发了三一运动，这场运动将外来基督教与民族主义情感联系在一起；而在日本和中国，基督教与民族主义的目标对立，它被视为一种民族生存的外来威胁，因而难以生根发展。[②]

但由于情境随时可能发生变化，所以某种推动力在特

---

① John Markoff, "Allies and Opponents: Nobility and Third Estate in the Spring of 1789", *American Sociological Review* 53, 1988:477 - 496.

② Danielle Kane, "The Puzzle of Korean Christianity Geopolitical Networks and Religious Conversion in Early Twentieth-Century East Asia", *AJS*, 2009, 115(2):365 - 404.

定历史中能够成立，但未必可以作为长程一般推动力看待。

　　上述四个路径在研究关切上存在差异，它们都有自己的信念。类型分析通过从史实中发现模式来探求因果关系，它相信模式类别影响行为的方向。要素分析以变量为中心，通过探究经验要素来探究因果关系，它相信这些经验关联中可能存在因果关联。作用机制分析通过发现激发过程，区分要素的静止和活跃状态，它相信要素必须运行才能具有影响作用。推动力分析则试图找出事物出现的初始力来解释因果影响，它相信具体情境下产生的推动力量最为真实。①

　　总之，社会学的历史研究向历史学学到很多，但两者的思维方式具有可见的差异。这一点可以从两者对待史实的动机得到观察：将史料呈现视为结论还是探求观点的证据；提出问题指向真相解读还是理论解释；分析焦点主要置于特殊性问题还是一般性问题；是否区分因果关系的层次，比如特殊因果与一般因果，以求寻找更为基础、长程及系统的因果关系。由于社会学研究者通常以研究问题决定方法，因而上述不同主要来自这两个学科训练的目标差异，较少来自方法的不同。

----

① Ivan Ermakoff, "Causality and History: Modes of Causal Investigation in Historical Social Sciences", *Annual Review of Sociology*, 2019, 45：581—606. 中文版参见《因果与历史：历史社会科学中的因果分析路径》，纪雨佳编译，载于"Political 理论志"公众号，2022 年 12 月 18 日。

提问是发现的开始[*]

思考"如何提问"是一项进步，因为意识到有专业标准存在。三十多年前我刚进入学术界时，很少有人会问"如何提问"，似乎这不是个问题，有天资就可以解决。虽然提问有大众（conmen）和专业（academic）之别（前者意在表达个人好奇，后者则指向知识性困惑），但当时普遍不觉得专业提问有独特的逻辑，是需要学习的。我在内地和香港接受教育，整个过程不曾接触如何进行专业提问的训练，完全靠自己慢慢摸索。1996 年进入北大任教，我开设了几门面向研究生的专题课程，根本没有涉及提问，只是灌输知识和答案。

显然，这样的学习过程缺失了思考能力的培养。几年过去，我越来越发现思维方式作为基础能力的重要性。因为交流一旦展开，就会感到巨大的差别来自基础能力的水

---

* 本文最初应项飚组织的专题约稿，发表于清华大学人文与社会科学高等研究所刊物《区域》（汪晖、王中成主编，2022 年第 9 卷），在此又经更新修订。

平，诸如如何提问、如何评估他者、如何拎出困惑、如何论证一项发现，等等。如果说学习有几个重要阶段，那么提问如同从爬行到站立，对于眼界拓展是飞跃性的——从只能看到地面，到上下左右前后多方位环顾。没有结实的站立，怎么跑得起来？于是我提议开设研究性思维和表达课程。开始没有得到支持，理由是：每个学生都有自己的论文导师，为什么还要专门开课？由导师提出研究方向和问题，学生直接去做就行了⋯⋯意识到有"替代论文指导"的疑虑，我赶紧退缩。若干年过后，应学生要求，课程还是开起来了。二十余年下来，课程还从选修变成了必修。虽然整体上学生的论文水平在逐步提高，但我认为课程的成效尚不够好，因为不少听了课的同学还是难于掌握提问。其表现是自己没有问题要回答，更无法判断哪些是有价值、有趣、重要的研究问题，而是希望他人给出问题。这越发使我认识到，提问是一项认知能力，但主要不在技巧，而在思维逻辑，求快不行。值得高兴的是，现在，如何提问变得越来越重要，这本身就说明，对研究能力的专业要求提高了。

既然主要不是技巧，就干脆放弃"教"的目标，聊聊我个人对提问的摸索反思，主要从思维逻辑的角度。也许初学者希望求快，更关心技能——比如如何增加问题的信息，如何从一般走向具体、将主问题分解成子问题，或者相反，如何从具体走向一般、提炼枝节问题的共同关切焦点，等等；但还是需要从思维方式出发，即我们如何了解并交流对社会现象的认知。思维方式虽然养成慢，却更为系统和基本，它可以帮助人提出正确的研究问题。我同意这样的说法：提出有价值的问题，即使给出了错误答案，也比在无价值的问题上前行好很多。因为至少没有把时间浪费在错误的方向上。

领域、目的和问题

20 世纪 80 年代末我进入大学工作时，尚缺乏教材，年轻老师常被组织起来分工撰写教材。我的任务是写发展社会学中的"现代化理论、依附理论和世界体系理论"，之后有出版社约稿，又写了"当代社会思潮"系列中的《法团主义》①。这些写作促使我阅读很多，系统学习了相关知识，但当时并没有自己的研究问题，只能说入门了研究领域，找到了自己感兴趣的研究主题。

研究主题和领域不能等同于研究问题，因为用力的目标不同。教科书的写作目标是展现一个领域，做法是分类，按照年代、人物或者观点线索陈述，包含其中的进展、联系、差异以及核心论辩，把有关的论点、论据及针

---

① 张静：《法团主义》，中国社会科学出版社，1998 年（新版：中国社会科学出版社，2005 年）。

对的问题系统梳理出来。当时我以为，这就是做研究，完全没有意识到，所谓"研究"工作可以在多种目的下进行，重点实际上很不同。

比如育人，这个目的下的研究是教导向善，把学生变为好人甚至高尚的人。这是一件对的事，但由于将道德判断作为主要标准，教导的目标自然指向这样的问题：应该成为什么样的人，社会当中存在哪些恶，何者为善，何者为好，为何它们有利于人的社会生存，等等。比如解读和阐释，这个目的不同于解释，而是依据一个现成文本，或者一种思想体系、学说、传统、行为模式，对其含义进行理解，所以关注问题的方向往往是，它为何正确（或者错误），为何真实有用（或者虚假过时），为何必须传承（或者放弃）。比如论战，这个目的是表达肯定或者否定、支持或者反对、赞扬或者批判，帮人帮派帮学说战斗，扳倒攻击者，所以它的问题会是：为什么我方正确，对方谬误，为什么某种主义正确，另一种主义必然失败，等等。比如政策咨询报告，关注解决实际问题，所以它多不是问为什么问题会发生，而是问怎样解决，为什么某个方案可行，具体怎么行动有效，等等。这些研究都可以自称"以问题为导向"，但其"问题"所指的内涵有异。显然，不是所有的研究目的都能助力发现知识。

社会科学的学术研究，与这些目的有所不同，它的问题内涵，指向探索未知，面对社会现象，去发现我们尚不知道的表现特征、行为模式、变迁原因和客观定理。这个自我限定的角色目标，不是什么都做，而是专注于学术性提问，简单而言，是特别指向"是什么"（事实现象）、"怎样运行"（机制过程）和"为什么"（因果影响），终极目标是发现知识（特征、定理、原理、公理），以便对广泛的经验现象进行解释和预测。

　　上述几种研究目的有差异，但在学术活动中常常混合，较难清晰辨认。不同的目的决定了提问指向，学者完全可以选择研究目的，但前提是明白并认同自己追求的目标。我自己最终选择了学术性提问作为研究目的，因为在不断的阅读比较中，发现对我更具吸引力的，是以特定未解问题为目标的提问。这也许要归功于前期的主题游荡和大量阅读。

　　学术性提问较为单一纯粹，一般有四类。一是针对事实（现象、经验或材料）的经验问题：它是怎样的？具有什么特征？属于什么类别？回答这类问题需要的基本功是：观察、描述、提炼和证实。二是针对事实的评判问题：它具有什么性质？与其他现象的性质差异何在？回答这类问题需要的基本功是：界定、评估和比较。三是针对过程联动的机制问题：哪些因素影响了这一现象出现？它们如何推动了联动的递进？影响关系的方向如何？回答这类问题需要的基本功是：关联发现、强度测定和证明。四是针对解释的理论问题：为何出现这个现象（或行为特征、运行模式)？回答这类问题需要的基本功是：证明、推论、一般化。这几个方面的提问深度不同，需要认识活动有清晰的逻辑递进。也许这不太符合生活常见惯例，会使研究者感到约束，所以我们经常可以看到天马行空的"才气"对抗，或许他们认为，约束就难以创造。

为何这种有约束的提问意识吸引了我？自然是论证的说服力和创造力。说服力从何而来？我认为来自这几个方面：提出问题基于可见、可共享的经验事实，而非构造自己单方面理解的事实；解答问题基于符合认知逻辑的论证，区分观点和事实、结论和证据，让证据基于可验证、可衡量的事实，他人可以批评，但须基于共享的事实和逻辑。为何说这样的问题有创造力？因为可以导向深探未知，界定新事实，提供新信息，建构新分析框架，摆脱习以为常的限制，提供更新的认识（获得知识）。

对这种提问意识的认同，让我意识到，《法团主义》虽然再版多次，产生了广泛影响，但还不能达到上述标准。它是一种教科书式的写作，有领域、论辩和背景问题，但没有提出困惑未解的研究问题。它虽然提供了当时的我尚未系统知道的东西，但属于知识搬运，因为前人已经知道。它没有基于经验事实提供任何新解释，即没有向未解的研究问题迈进。所以，尽管有出版社多次约稿，我却很少再写这样的介绍性教材，因为它不符合我自设的研究目标。

我的第一个经验研究是《利益组织化单位》，这本书根据 20 世纪 50—80 年代的企业组织档案，以掌握事实为目的，研究提出的基本属于经验问题：企业职代会是什么建制？其基本目标是什么？由谁来组织？处理哪些议题？解决问题的效果如何？它如何运转？内部的组织结构和权力关系有什么特征？它和行政体系的关系是什么？在中国的单位体系中，它的基本角色（作用）是什么？[1]

这些问题与写作《法团主义》不同，我不再在领域游荡，而是希望在未解方向上深耕。为何称其"未解"？因为对于企业职代会，已有很多研究以独立的组织理想类型作为标准，问其为什么偏离了标准。这没错，但还不够，因为，如果没有挖掘特定历史对组织目标和结构关系的塑造，自然会对职代会的性质给出远离经验事实的界定。我的工作要说明，中国的企业职代会是一个政治与行政（两项功能）合一的建制，是国家政权建设的一部分，目标在于传达行政旨意，同时调整并传递职工的利益需求，它的内部类似一个上下连接的法团结构，其宏观角色在于促进职工和体制的整合，因而与理想类型所言的自发组织具有不同的起因和特点。

---

① 张静：《利益组织化单位——企业职代会案例研究》，中国社会科学出版社，2001年。

提问始于困惑

研究性提问始于困惑，但困惑依赖经验观察，特别是观察到的现象和已知理论的不一致。这意味着，不了解已有的知识，很难刺激出有价值的观察。一群人一起到调研地，面对同样的事实和数据，并非所有的人都能发现隐藏的困惑。困惑不会自然走出，它是被具有理论感的研究者发现的。比如，同样的商品，在不同地方定价不同，一些人认为很正常，但有研究者提出困惑：为何它在富裕地方反而更便宜？这个困惑引导出对商业活动的制度成本进行比较。而不善于发现困惑、认为一切正常者，则很少有机会进入这一研究。所以提问是发现的开始，也可以说，提问是用问句揭示对困惑的发现，好的提问往往包含困惑，但前提是有善于发现困惑的眼光。

不同的困惑引出研究方向的差异。比如，为何同一物品在不同地方价格不同的困惑，可能会引向两地制度成本的比较研究，如果困惑是，这个物品的原材料由本地提供，为何在本地更贵？则会引出历史研究，挖掘本地商业组织化的成本。差异性提问多走向结构关系和特征比较分析，历史性提问多走向变迁、演进或状态形成分析。

如何挖掘困惑？常见的出发点，是从经验事实和理论解释的差异入手：为何已有理论解释不了当前实际（事实）？合乎逻辑地，下一个问题自然是，新的解释应当是什么？挖掘困惑的另一个出发点是历史比较：为何（两种或以上）历史进程的结局不同？显然，挖掘困惑不仅需要求知关切，还需要研究者了解当前事实（或历史）中的问题（problem）所在，以及对有关问题的解释理论，同时善于把问题转化为提问（raise questions from problem）。联系理论的步步提问，推动了研究者贡献新的解释。这种创造过程使人兴奋，我猜想，这是我偏爱这个提问视角的原因。

　　几年前，我写了《双重治理体系的瓦解》，试图解释的现象是，为何近年基层治理难度增大，变得低效？这一问题包含有什么困惑呢？经过 40 年改革开放，中国的经济在增长，投入治理的人力和财力在增加，政策出台日多趋严，但管理者的权威却增强不明显，为什么呢？我把这个基本困惑转化为前面的提问。但如果一个提问值得解释，它还必须有现实和理论意义。上述问题的现实意义是，通过寻找治理陷入困境的原因，提供改进的反思性路径；它的理论意义则是，已有的解释存在缺陷，需要寻找更基本的要素关系——因变量（治理低效）和自变量（低效的原因）之间的关联，并一般化为政治社会学的解释性命题（即通常所说的定理或原理），比如，是什么要素影响并导致治理低效发生？

　　为了阐明这一提问的价值，我必须先简洁梳理已有的解释，建立提问的针对性：

> 学者对这一问题的看法存在分歧。一种观点断定，收入差距拉大及社会流动固化，加剧了社会不满；另一种观点确信，外来意识形态的争夺和缺乏民主制度，导致社会抵触蔓延；第三种观点提出，干部的经济角色、与民争利、道德滑坡，使其治理权威受到损害……①

还需要说明为何它们尚无法回答我的困惑：

> 这些解释或从社会经济变迁，或从政治制度，或从干部行为方面给出答案，虽然提供了启发性，但还是存在一些困惑无法解答。比如，为什么在中国，社会不满不一定来自收入和地位最低的群体？为什么人们普遍承认，收入差距具有合理基础，收入水平应当因职业不同有所不同？半个多世纪以来，中国政治制度并没有发生重大改变，为什么近年以来上访徒增，社会治理失效严重？主流媒体的意识形态宣传堪称强健，但为何"争夺"群众的效力未显？在"坏干部"较多的地方，群众不满程度高或符合逻辑，但为何基层治理存在普遍下降之势，即使换了干部，也难以扭

---

① 张静：《双重治理体系的瓦解》，载于张静：《社会治理：组织、观念与方法》，商务印书馆，2019年。这里引用的目的是举例说明如何揭示困惑，为简洁起见略去了原文脚注，下同。

转整体上出现治理困境的态势？

拎出这些困惑，给前面的总提问提供了更多信息，凸显出进一步研究的价值和意义，这样回答提问才更加必要。这种问题意识，需要首先面向经验实际，从中发现问题，再去对照理论，而不是相反。如果事实和理论出现差异，就有可能发现困惑：为何这个（些）理论不能贴合经验？对这一困惑的解答动力，将推动研究者开始进一步探索、寻找、发现的旅程。

理论的作用

我们经常可以看到这种情况：针对同样的材料，不同的研究者提出的问题不同，甚至同一个学者，在自己的不同阶段提出的问题也不同。这是为什么？因为他们拥有的经验和理论不同，也可以说思想体系不同。难道面对经验的研究问题也和理论或思想体系有关吗？确实有关，是理论逻辑带动提问走向不同的焦点。这提示了两件事：对于提出好的研究问题，关心现实和阅读理论同样重要。

比如基于现代化理论，对于后发国家的社会转型，研究者提出的问题多是：它们的现代性生长为何遇到障碍？是什么障碍？此提问的基本逻辑在于，对标现代化理论的定义，（这里的现实中本来应有）为什么却没有……？还比如，基于社会转型理论，对于中国的市场化转型，研究者提出的问题常常是：为什么市场体制会在中国出现？在由国有企业占主导地位的转型经济中，是什么制度允许民营经济行动者与之展开竞争？[①] 此提问的基本逻辑在于，对标市场体制与再分配体制的不同特点，（这里的现实中本不应有，但）为什么有……？这些问题关注的焦点不同，原因在于理论差异。面对大量的经验现象，判断何者更为基本和重要，显然需要借助理论。

理论对思维有提供概念关系（逻辑）、建立标准、协助判断的作用。第一，理论为经验解释提供模式，比如上述针对民营经济的提问，是转型理论重视的问题；第二，理论使各地不同的经验研究彼此关联，比如现代化理论，把世界各地的现代化案例系统联系起来，使之分为现代化的几类不同范型——东亚范型、拉美范型、早发的现代化范型、后来的现代化范型，等等；第三，理论为提问使用的概念和变量配备框架，形成一种分析逻辑，比如"传统"与"现代"两个概念的关系，以及表达它们的经验变量（比如用"家族继承"表示传统特征，用"自身成就"表示现代特征），是现代化理论提供的逻辑；第四，理论

---

① 倪志伟、欧索菲：《自下而上的变革：中国的市场化转型》，阎海峰、尤树洋译，北京大学出版社，2016年，第1页。

赋予提问特别的意义，比如反对现代化理论的人，一般不会同意"传统"和"现代"的分类是有价值的。总之，无论是否承认，看待事实的方式，界定事实的特点、性质及意义，都和研究者使用的理论有关。[①]

既然理论重要，那么无法回避的一种麻烦是，理论是竞争又多元的，需要选择。在一种理论下有意义，不一定在另一种理论下看来也具有同样的意义。比如站在制度理论立场，行为规则和组织结构非常有意义，因为规则影响行为，但在行为理论的立场看来，影响行为的是人和观念，它们会改变规则，所以规则不是那么重要。这些困难预示，提问走向什么焦点，还需要一个不太容易发现的基本条件，就是提问者需要有（或形成）自己（相信）的理论传统。所以，如果感到提问非常困难，除了现实关切不足之外，是否具备理论水平也很关键。

我在20世纪90年代写《基层政权》时，主要的问题意识明显受到"现代国家建设"（modern state building/making）历史理论的影响。这个理论让我认识到，传统国家和现代国家存在重要的性质区别，所以我从现代国家的演进角度，切入它的各种困境问题。我在提问中特别重视某些要素（比如现代国家的特征），分析其生长面对的障

---

① 肯尼斯·赫文·托德·多纳：《社会科学研究：从思维开始》，李涤非、潘磊译，重庆大学出版社，2020年，第35页。

碍，正是理论影响的结果，因为理论为研究者提供不同要素的组织逻辑。提问受到理论框架牵引，在社会学研究中尤其明显。为何重视这种互动关系而不是其他？如何给规则的特征进行分类定性？以哪些特征（理想类型）为衡量标准？明显都需要借助理论才能完成。

从理论标准出发，社会学在面对经验现实时，需要区分日常活动与改变或者延续社会结构、观念的系统化力量，区分长时态经济政治社会关系之持续和变化的关键时刻，区分个人关系与公共关系、个人选择和组织选择、个人思想与社会观念、人际远近关系与社会势力分布的格局、偶然变化与必然变化、不可能出现与尚未出现的变迁……也可以说，需要把撼动社会结构的变化，从纷繁的一般变化中辨识出来，这种辨识显然必须依靠理论工具。这些区分是研究者智力活动的结果，没有理论的处理，事实的很多"性质特征"就混杂于历史资料中难以显现。比如经济转型分析，为何民营经济的出现对于转型十分重要？为何多元组织类别的出现有意义？为何新的经济行动者加入是不能忽略的主题？对于这些要素的价值评估，既需要经验的证明，也需要理论发挥标准设定的作用。这可以解释，为什么面对同样的材料，不同的分析者会提出不一样的问题，显然，他们试图"发现"的东西不同。哪些令其敏感，哪些可以忽略，都需要依赖他们头脑中的理论做出选择。比如，在生产力决定论指引下，研究者势必注意有关生产力变革的事实；在生产关系决定论指引下，研究者肯定不会忽略任何正式或非正式的产权规则改变。

理论可以帮助研究者高度重视一些现象，暂时忽略另一些现象。在缺乏特定理论的情况下，我们也许能记录，但无法分析，也许能看到平常，但看不到变革，也许能看到冲突，但无法辨别哪些冲突对于后来具有关键性意义。没有理论的作用，我们甚至无法评估提问的价值。不相信现代化理论的研究者，不会认为基于传统与现代转型的提问是个好问题。例如，安德烈亚斯·威默（Andreas Wimmer）的提问就是非现代化的，他认为对任何社会，都可以问个人与组织间的关系如何，他们怎样进行资源交换，沟通协商采取什么方式。他以此来辨别不同国家的历史演进，认为无论异质或同质、传统社会或现代社会，所有国家都面临政治整合的同样任务，所以需要进入具体的历史过程，了解这种整合在哪些条件下能够取得成功，哪些条件下会失败，而不是指向现代化的一般抽象力量。[①]

认识交流

提问是重要的认识交流方式。不同的认识之间可以展

---

① 安德烈亚斯·威默：《国家建构：聚合与崩溃》，叶江译，格致出版社/上海人民出版社，2020 年，第 4—8 页。

开论战，这对知识演进有好处，但没有包含一般性认识的提问，很难被学界读懂接纳，交流可能陷入表面热闹、互不相关、缺少焦点的混战。这个反思来自一次国际研讨会。会上一位外国学者告诉我，有四个人的论文，他"完全没有听懂在说什么"。我知道这不是语言造成的，因为在场的所有发言，是由同一位专业水平很高的翻译口译的。为何他有的懂了，有的没懂？显然问题不在观点（观点不同、互相反驳在学界很正常），而在提出和回答问题的逻辑。比如，用佐证描述和陈述，证据来自客观外界，不是好恶评估；解释问题需要合乎逻辑展开推论，不是个人断言；揭示客观出现的因果关系，不是无根据的猜测……这些逻辑属于共享地带（common ground），在不同语言的交流中尤其必要，因为我们每个人都无法逃脱母语对思维的限定：

> 思维沿着语言所设定的路径前行。一种语言是一个组织体，它系统地关注现实世界以及认识领域的某些方面，同时也系统地舍弃其他语言所关注的那些特征。用这种语言的人完全意识不到存在这种组织性，（因为）他受到这种语言的彻底制约。[1]

一种文化中的思想，是由表述它的语言结构所引导和

---

[1] B. 沃尔夫：《语言、心智和现实世界》，转引自罗伯特·沃迪：《亚里士多德在中国》，韩小强译，江苏人民出版社，2019年，第15页。

制约的，而中国思想是印证沃尔夫假说的理想范例。[1] 其实在更早，葛兰言就论述过中国语言显现的差别，认为汉语的特点，是专注情感交流，用修辞的方式展开论说："汉语的构成，看起来不是为了记录概念、分析意念、以论辩的方式表达论点，它完全服从于传达情态、暗示行为举止、服务人、改造人的目的。"[2]

既然语言是思维的表达，其差异对提问的不同走向当然很关键。比如，英国历史上第一次出现高利贷现象时，如果学者对这种行为的认识仅停留在道德评判上，就无法想象其后能够发展出期货金融市场、风险投资、预估价格承担等金融经济学知识，因为仅仅用道德评判不会提出这样的问题：

> 第一，为什么高利贷会形成？对此，一个不假思索的回答可能是，放高利贷的人不道德，这当然也是一种回答，事实或许也是如此。但我们不能停留在这个答案上。第二，为了解决高利贷问题，最好的办法是什么？[3]

① A. C. 葛瑞汉：《论道者：古代中国的哲学辩论》，转引自罗伯特·沃迪：《亚里士多德在中国》，第 13 页。

② M. 葛兰言：《中国思维》，转引自罗伯特·沃迪：《亚里士多德在中国》，第 30 页。

③ 陈志武：《反思高利贷与民间金融》，爱思想网，https://www.sohu.com/a/135485574_595443。

这个例子表明，道德评判会"终断"进一步提出分析性问题，让探索止步，丧失求知机会。这种并非出于动机但结果上"阻止"了提问的例子，很常见。比如，以国别、地别限定问题的价值，断言甲地产生的提问不适用于启示乙地的问题，产生于 A 地的知识不能解释 B 地，或者只能用一种支配性解释，这些都会限制提问探索发现的脚步。

西方以行为和动因的差异性来解释人类的体验，其历史研究的认识，首要的关切是，了解历史事件的动因以及为之要担负的责任。于此形成鲜明对照，中国士人传统之一般特征，则体现为对连续性怀有某种信念。①

这一思维差异，亦有被概括为进化论模式（中国）和对比论模式（西方）。② 虽然这些看法存在分歧，也受到西方不同观点的反驳，但其有益于警醒提问者：留意语言对思维的限定。需要意识到，如果语言思维的差异是一个事实，那么如何对待它，让提问便于认识交流，是无法回避的挑战。

应对这个挑战，使提问被（严肃的）学界读懂并接纳，必须在双方都认为"有意义"的前提下。但什么是

① 安乐哲：《中国古代的统治艺术：〈淮南子·主术〉研究》，滕复译，江苏凤凰文艺出版社，2018 年，第 3 页。
② 普鸣：《成神：早期中国的宇宙论、祭祀与自我神化》，张常煊、李健芸译，生活·读书·新知三联书店，2020 年，第 35 页。

"意义"？对于学术共同体而言，意义不在于自说自的故事（即具体经验，虽然讲明经验重要，但它的作用是为知识提供证据支持），而在于其中包含可进入知识体系的一般性问题。所以如何提问、提问中是否包含潜在的一般性问题，对促进思想交流和相互读懂很关键。

比如案例研究，几乎所有针对案例的提问都存在时空限定，但是要良好交流，光讲故事不行，还要走向对一般性知识问题的探索，需要从"案例内容是什么"，进一步变成"用案例要说明什么"，这个"要说明"的东西，是一般化、系统化知识的一部分。这是两种很不同的提问，"案例内容是什么"关注事实本身，"用案例要说明什么"重点则在案例证据提供什么知识发现，这样才能使案例具有一般性知识的意义。

我要求自己的经验研究以此为原则。比如论文《二元整合秩序：一个财产纠纷案的分析》，我提出的问题是：基层社会的同意秩序如何达成？具有什么特别模式？这虽然基于中国案例，却涉及政治社会学关注的一般性问题：社会秩序如何达成？探究这个问题在中国的表现形态——基层法院的纠纷处理方式，是将产权归属和利益补偿分开，利益分配不一定完全根据书面权利做出，这和西方的一般做法（利益分配必须根据书面规定的权利）有所不同——使得不同地方的学者能够捕捉到它的知识性意义：是不是存在一种秩序形成的特别类型，可以汇入这个问题的知识体系中？①

善于针对特殊案例提出一般问题，可以利用交流者的知识背景（真正的专家对一般问题多有了解）使交流更容易。费孝通先生的研究是这方面的典范。他指出的乡土中国特点，不是在处理中西互不相干的现象，相反，他采用一系列学界通用的分析工具去认识不同对象的特点。②这样，经过比较得出的结论（差序格局式的社会关系结构），才能够被不同文化及社会的学者理解。所以理解不在于观点的差异（寻找差异特点正是社会科学研究的内容），而在于不同特征认识得来使用的是一般的问题逻辑：社会科学专家共享的类别划分、概念工具以及分析逻辑。费先生等老一辈学者，用中国案例和外界接续而不是隔断，不仅使社会科学经验研究在中国落地，而且使中国社会研究汇入世界社会学及人类学，并赢得了国际学界的广泛承认。③

所以，对局部案例提出包含一般性意义的问题，来提升它的知识性意义，以帮助各地的研究者理解不同社会的运转，很重要。这要求研究提问不仅针对个别事件，而是从具体问题走向一般问题，让来自具体场景的提问具有全

---

① 张静：《二元整合秩序：一个财产纠纷案的分析》，载于《社会学研究》2005 年 3 期。

② Andrew J. Nathan, "Is Chinese Culture Distinctive? — A Review Article", *Journal of Asian Studies*, 1993, 52(4):923.

③ 张静：《燕京社会学派因何独特？——以费孝通〈江村经济〉为例》，载于《社会学研究》2017 年第 1 期。

局的意义，进入人类知识大厦的积累系统。虽然研究证据（材料）只来自一个国度、一个地方，但知识体系是全人类（并非只是某一地方）创造的，这是知识可以在全世界交流的基础。

自设的限定

为何很多提问进入不了人类的知识体系？是因为提问任由随机，这样做的人没有认识到，他的发现需要成为系统化认知的一部分。为何要追求系统化？因为建设知识的大厦，既需要突破，也需要关联。突破就像开启新设计，通常由提出新问题开始，关联就像打地基，要靠发现已有知识的缺陷和谬误开始，同时加固和正确知识的关联。这个修补和连接意识是提问者的基本功。

难以进入知识体系的常见情况是，基于有限的经验主义（limited empiricism）自设提问障碍。有限的经验主义指，拒绝不同的经验，拒绝和来自不同经验的知识进行交流，给自己划出一个界限，不在限内的就不接受。比如设置适用性界限，根据地理边界规定适用性。这个问题目前的争议，焦点主要在政治方面。但政治问题和知识问题存在差别：政治有国界，知识则是跨国界传播的；政治事关话语控制权，而知识的扩散在于受众的选择。在学界，知识一旦产出就成为公共品，进入思想市场的检验过程，用他地的经验证实或者证伪难以避免。而知识作为一套解释系统，既可以被政治性使用（论证某种体系的正当性），也可以被知识性使用（用于揭示定理、原理）。政治性使用一般会施加意识形态限定，而知识性使用则必须经事实验证，分歧的意识形态一般难以共享，但知识的实证共享则存在可能。比如地缘政治分析框架，并不产生于韩国，但是否适用于韩国教徒信仰变化的分析？还比如生产力与生产关系的分析框架，不产生于中国，它是否适用于中国的经济变迁分析？这些知识性的提问，也许可以使棘手问题变得简单：看其能否解释实际，有多大程度的解释概率。如果不能解释，无论它来自哪里（即便是本地），从知识的角度看，难以通过证实的挑战，适用性即可接受度必然就弱。

不经事实检验的设限会妨碍知识探索。举个例子，有研究者发现，中国全民所有的低技术企业中，早就存在一种混合式的工资体系。在1952年及1956年的两次工资改革中，计件工资都作为先进的工资方式被大力推广。经过运动式推行之后，国务院统计的工厂计件工资率已经超过45％。不过这种推广并没有持续很长时间，不久以后，计件工资就作为"资本主义的工资形式"，成为"大跃进"时期的批判对象。在"政治挂帅"的环境中，计件工资减少了，甚至（至少在名义上）被完全取消。但在"大跃进"后期，不少工厂又重新推行了计件工资制。[①]而马克思曾在《资本论》中写道，计件工资是"最适合资本主义生产方式的工资形式"，那么这里存在的困惑是，如果计件工资制与资本主义相关联，为什么这种工资形式会出现在社会主义中国？

这个提问符合经验和理论的对照逻辑。问题的重要，不仅在于有关资本主义分析框架在社会主义环境下适不适用，更在于返回历史，去看社会主义国家的经济政策，在和政治意识形态互动时，频繁发生的摇摆现象，以便更深入理解中国体制的性质。如果计件制在社会主义中国具有长期历史，就可能解释后来变革中的经济双轨制的由来基础，还可以帮助我们理解，40年来的国企改革进程，为何相对于其他国家更容易，一系列市场规则的出现，为何没有激发强大的动荡，以及比较而言，中国的社会转型，为何避免了巨大的社会对抗。

实际上，在西方的社会分析中，即使是最强劲流行的分析框架，也不得不常在新的事实面前发生变动。比如，传统落后解释不了亚洲的飞跃性发展、现代化无法解释拉美社会产生的依附结构、威权政治难以解释体制变革中的韧性、制度滞后难以解释意识形态名实分离的发展现象、民主选举难以解释基层公共品提供的差异……在面

---

① 张博伦：《计件工资制度研究计划》，2018年8月。

对一系列新事实时，努力寻找证据，发现适用性更高、更严谨的知识，是所有研究者的工作。这就需要不断提出新问题，通过交流活动，接受来自不同国家经验事实的检验。任何知识都不是特指或专用的，自我限定适用区域或者排斥外来，不仅阻止了自己的知识进步，对他人的影响也会更低。

另一个常见的自我限定，来自古今分界焦虑：当我们面对历史材料时，当前这个分析框架是不是古人的？确实经常不是，因为当时还没有这样的观念。古人的看法不可能是今人的看法，古人重视的问题不可能是今人重视的，甚至运用的概念含义和今天都不一样。比如，教育是教化而非求知、治国重安定而非富裕、社会重位序而非平等、家庭重责任而非权利、战争重输赢而非正当、改朝换代重疆土控制而非政治关系的制度化更新、个体生存重关系而非独立自主……对于这样的历史，用今人的眼光、框架、概念和标准来提问是否适当？如果结论是都不适当，那么研究何以可能？如何才能提供新认识？[1]

对此我没有答案，只是提出问题。但我不希望看到，这些自我限定阻止了提问的多项可能。因为提问是发现的开始，提问限定越多，能够发现的就会越少。

---

[1] 张静：《社会转型研究的分析框架问题》，载于《北京大学学报》（哲学社会科学版）2019年第3期。

面向实践的挑战

常常听到有人说，讨论中我们不敢提问，是担心自己的问题不够前沿，怎样才能提出前沿问题？

这个问题比较棘手，原因是提问有多种来源。这里的"来源"是指从哪里发现问题。我自己在研究早期也不太明确，比如《法团主义》是从理论阐述提问、《利益组织化单位》是从历史文献提问、《双重治理体系的瓦解》是从现实组织结构提问、《案例研究的目标：从故事到知识》是从分析逻辑提问……我们可以选择从理论框架中发现问题，从文献资料中发现问题，从历史记录中发现问题，从事实变化中发现问题，从方法逻辑中发现问题……总之，到处都是提问的对象。但由于领域不同，它们的"前沿"各不相同，所以必须有所选择。

选择和两件事有关：研究者关注的中心问题以及其拥有的理论传统。比如我自己关心的中心问题来自政治社会学领域——社会的秩序是如何构成的？我个人偏好的理论传统是结构、规则和组织的历史变迁分析，所以我的所有研究提问，都围绕这一中心问题展开。比如，20 世纪 50年代的政权建设如何构造公务人员的组织观念？[①] 为什么

---

① 张静：《构造组织观念——自我检查和审干（1952—1960）》，载于《社会》2017年第 5 期。

大学生中出现对社会的不满?[①] 为什么基层治理效力下降?[②] 为什么对新经济体的政治整合出现下降?[③] 互不信任的群体何能展开合作?[④] 其中虽然不少是具体案例研究，但问题的指向都是一个核心问题——中国社会秩序的形成。这样，不同的提问才可能产生知识上的系统性，关于这些问题的答案，才可能具有相互支撑和关联的作用。

我认为，最活跃的"前沿问题"在社会实践中，真问题须在实践中才能找寻得到。实践在不断推动认识的发展，当理论和实践相悖时，也许就是理论需要被更新的时刻。比如经济学者张五常这样提出问题：

> 我可以在一个星期写一本厚厚的批评中国的书，然而，在有那么多不利的困境下，中国的高速增长持续了那么久，历史上从来没有出现过。中国一定是做了对的事，才产生了我们见到的经济奇迹。那是什么呢?[⑤]

这个提问从实践出发，把用理论眼光看到的各种"不

---

① 张静：《社会身份的结构性失位问题》，载于《社会学研究》2010 年第 6 期。

② Zhang Jing, "Why is Governance Invalid at the Grass Roots of Society?" *Chinese Political Science Review*, 2016, 1(2): 224 - 247.

③ 张静、董彦峰：《组织分化、政治整合》，载于《文化纵横》2018 年第 4 期。

④ 张静：《互不信任的群体何能产生合作与新时代的社会治理?——对 XW 案例的事件史分析》，载于《社会》2020 年第 5 期。

⑤ 张五常：《中国的经济制度》，转引自周黎安：《经济学的制度范式与中国经验》，载于《清华社会科学》2020 年第 1 卷第 2 辑。

对"和实践结果对比，发现了悖论式困惑：既然在理论上不对，为何有这样的成效？随即引发的进一步问题必然是：实践中究竟发生了什么？如何总结这些经验？是用理论修理实践，还是用实践更新理论？

把实践作为问题的来源尤其适合中国。过去30年，中国社会处于历史上前所未有的变化中。变化意味着新的实践不断涌现，为社会科学研究提供了难得窗口。例如在政治社会学领域，人们发现大量相悖的事实：一方面，中国的社会矛盾随着改革的深入逐渐上升，这似乎符合快速变革与冲突同步的常规现象；另一方面，和其他变革社会相比较，这些常态似乎没有显现同一结果。比如，变革过程中出现的社会政治冲突，减缓了一些前社会主义国家的经济发展进程，削弱了社会向心力，瓦解了主流意识形态和社会组织架构，维系体制的原社会基础出现快速收缩。但在中国，这一社会基础的基本成分，却从较为单一的无产者群体，扩展到多种类别，包括新兴经济中涌现的大大小小有产者群体。社会和政治冲突在不少国家的变革期发生，它们导致一些执政权威结束了政治生命，但为何中国执政所依赖的社会基础仍得到扩展？变革中出现了大量社会矛盾，触发了中国各种利益不平衡，但为何没有出现强大的对抗改革的社会力量？为什么在变革中，中国社会保持了基本的内聚力？它是如何保持的？对于变革与秩序基本关系的解释理论，中国实践能够提供什么?[①]

　　提问是一项认识活动。但认识有个缺点：一旦成为知识，就有相对固定的形态，社会学叫作"模式"或"范型"。而实践的丰富性、复杂性和变动性，不断冲击着固有的模式。实践中的问题不是死的，是活的，是随着人类活动生发出来的，问题不是现成的，而是发现的，是针对未知的，是对自己已有知识的挑战。故要想获得真实发现，提问的人必须永远面对和回应实践的挑战，这是我的基本心得。

---

① 张静：《回应社会变革：中国经验为社会转型理论提供了什么?》，载于张静主编：《中国社会学四十年》，商务印书馆，2019年。

结构分析落伍了吗？[*]

——基于历史经验的研究推进

　　如果我们要问，社会学为各学科提供的最有价值的知识是什么？我认为，不是有关具体议题的结论，而是结构分析。社会学提出不少社会议题，但政治学、经济学、管理学、民族学、宗教学、人口学、人类学及社会保障学同样可以做到；社会学有很多理论探索，但形而上学、伦理学、神学、法哲学、政治哲学做得也不错；社会学关注案例和事主命运，但史学和文学讲的故事往往更打动人心；社会学掌握大量的量化数据，经济学、统计学或信息工程学也是如此。社会学向这些学科学到很多，但也回赠了自己的贡献：结构分析。所有这些学科，如果它们想要了解社会现实怎样对人类行为发生影响，它们一定能从社会学的结构分析中获得启发。

　　比如，为什么有一种声音被人听到，有一种见解得到

---

　*　本文最初发表于《社会学评论》2021 年第 1 期，在此又经修订。

重视，能够成为法律制度或社会政策？结构分析不是停留在声音和见解的具体内容上，而是挖掘言者的身份、知识体系及背后代表的政治、经济、社会和文化力量，揭示影响这些声音和见解能够成为权威政策的机会结构。为何事件在某地发生？社会学不是仅注意单一事件，而是关注事件背后的组织结构特质，普通人际冲突是事情，但具有民族或阶层组织标签的冲突就构成事件，重要的、有公共及群体关联的事情，在社会学中就被视为值得分析的。"事件一定是具有结构意义的，反过来，只有对结构有影响的才称得上是事件。"[①] 事件本身就是其他成因的社会后果，挖掘这些因果关系，在形式逻辑意义上，非得具备结构性思维不可。

系统演绎与经验证明

作为一项经典的分析逻辑，结构分析面临很多挑战。广为流传的批评之一是抽象还原论："在（帕森斯）著名的 AGIL（调试、目标达成、整合、模式维系）框架中，（人的）行动彻底消失，由于每个子系统裂变为四个次系统，并遵循同样的系统逻辑，这一理论框架没有给行动者

---

① 张弛：《历史地思考"事件"》，澎湃新闻·上海书评，2020 年 3 月 11 日，https://www.thepaper.cn/newsDetail_forward_6382813。

及其能动性留出多少空间。"① 这种抽象还原论在社会学批评中长期存在，它把结构设想为独立于人的变量，是外在于人、约束人的，是剔除了行为和观念的抽象物。而结构僵死，人才灵活，为什么人非得按照结构（规则）行动？存在这样的人吗？由这样的抽象物组成的社会真实存在吗？

不得不说，也许早期的结构分析的确如此，它曾不接地气，"浪漫"追求形式均衡的美感，但现今的结构分析，已经远离脱离经验研究的逻辑构建。所以抽象还原论如同"皇帝的新衣"，来自施加者的想象，他们对结构分析的了解，还停留在帕森斯时代。对于现今的结构分析者来说，结构早已不是抽象演绎的，而是实践活动证明的，是由人的约定和行动组成的。比如，市场合约是一种结构，它界定了有关各方的权利义务关系；角色关系也是一种结构，它通过人的行为显现，不存在没有人的角色，结构依赖社会共识和关系维系获得巩固。最近几十年来，结构分析已经迈入历史长河中的经验现象，通过人和组织的实践行为认识结构的存在。

另一个常见的批评是外部静止论："结构的隐喻意味着稳定，结构只能解释社会生活怎样变为与之协调的组成部分，而对这些部分如何变革不予讨论。结构论往往认

---

① 查尔斯·蒂利：《为什么?》，李钧鹏译，北京华文时代书局，2016 年，《为什么?》的理由（代译序）。

为，变化在结构之外，例如历史终结或观念衰落，（被看成）是系统外部施加的影响。"[1] 在这种批评看来，结构分析只适合处理稳定和协调现象，但对冲突和变迁的理解缺乏优势。果真如此吗？即使从概率上看，结构分析处理的冲突和变迁议题，也大大超过稳定和协调议题。有关变迁的社会学研究，都在揭示撼动社会结构的历史机制，无论是变革研究，还是近年的组织网络"生成"研究，主题都是转型和变迁，"对于变迁不予讨论"已经是过去式。

但这些批评促成一种刻板印象：结构分析"过时"且"陈旧"，这导致新的学习者无比踌躇：我会不会显得僵化古板？担心"形象不新"作为一种思想负担正在蔓延，追求微观深描的社会学似乎正在失去对宏大主题的关注，放弃曾经的厚度。这种情况出现的原因，在于把抽象演绎和经验证明割裂开来，将他们置于对立的位置上，认为两者并没有相互的建设性。这种自我限定的理解，难以看到大量历史经验研究对于结构分析的贡献，更无法理解经验导向的社会学为何可能对理论演绎作出贡献。

理论建设既需要系统演绎，也依赖经验证明。但两者的路径有差别，表现在从理论设计出发还是实践经验出发，目标在追求均衡还是发现并解释转型、涌现和突破。

---

① 小威廉·H. 休厄尔：《历史的逻辑：社会理论与社会转型》，朱联璧、费滢译，上海人民出版社，2013年，第122页。

这种差别使之对于彼此的缺陷具有互补可能。比如，纯系统演绎的结构分析，意在讨论给定条件中的行为选择问题：人如何适应环境，但没有解答新的角色、行为、组织和关系结构的出现问题：它们为何以及怎样出现？系统演绎的结构分析受到生物学思维影响，将一系列组织角色和关系形态的出现——比如，"银行、科学机构、国家、政治等组织"——视为选择性进化，即属于已有物种的形态转化①，而不是性质不同的关系、组织和结构的创生问题。在系统演绎中，更新如同出生，虽是新的却有母体，类似于从有到有的更新，不是从无到有的创造。在这种理解下，组织创新理论从未指向组织化的行动和行动者本身。他们只解释已经存在的组织如何演化及生存，不关心组织的出现、重新组合排列的结果、对后继走向产生关键性影响的变化。②

而经验证明改进了这样的结构理解，因为它使结构分析限于停滞，妨碍其敏锐捕捉丰富实践的能力成长。如果把眼光放到生活世界，就可以发现，很多系统演绎的标准结构曾经发生质变，不断出现新"物种"。比如，13世纪的国家形成和金融资本主义组织、14世纪的公司合伙人组

---

① John F. Padgett, Walter W. Powell, *The Emergence of Organizations and Markets*, Princeton University Press, 2012.

② John F. Padgett, Walter W. Powell, *The Emergence of Organizations and Markets*, Preface.

织、17 世纪的合资公司组织、19 世纪的政党组织……都是在经济、政治、社会互动中形成的全新结构。[①] 之所以谓之新，是因为历史上未有过同样性质、角色、关系、使命、作用的类似组织。从历史现实的实践经验出发，结构分析获得了新的生命，改写了固有形象。

立基历史更新经验

针对历史经验的结构分析，不仅是一种分析方法，也是一种理论思想，更是一种特定的世界观，一种认识社会的方式。其中包含一系列预设，隐藏在结构分析者的思想中。

（一）认识事物而非教化

作为一种认识方式，结构分析具有特定的思维及语言，它虽然面向人类社会的行为方式，但基本立场是认识，而非指导行为，其目标指向对事物本身的了解，而非对它的评判或感受。在面对实际现象时，结构分析注重区分简单条件、假设性条件、反事实条件，其兴趣在于发现事实、界定现象，以辩论真伪的方式表达论点，而不是仅

---

① John F. Padgett, Walter W. Powell, *The Emergence of Organizations and Markets*, Preface.

"服务于传达情态，评估行为举止，从而达到说服人改造人的目的"①。这可能不那么符合日常思维习惯，需要意识到并克服语言的限定，因为"思维沿着语言所设定的路径前行，一种语言是一个组织体，它系统地关注现实世界的某些方面，也系统地舍弃其他语言关注的那些特征。运用这种语言的人完全意识不到存在这种组织性，他受到这种语言的彻底制约"②。

（二）成分组合具有不同形态

结构分析视社会为一个复杂体，呈现不同的形态，可以被研究者认识。比如，这些形态的特征是什么？它们由什么成分（族群、角色、组织）组成？它们之间有无关系？关系的性质怎样？各自有怎样的互动？有什么相互影响？对于整体社会发挥怎样的作用？后果如何？如同面对求医的病患，需要收集各种信息作出判断，有些取得信息的逻辑是，问世算命或者驱神表演，判定病人是否被怪物缠身；有些取得信息的逻辑是，看天象冷暖，问症病人的饮食起居感受，再关联到天象给出解释；有些取得信息的逻辑是，看病人的舌苔、体温、脉相等情况，观察迹象。结

① 罗伯特·沃迪：《亚里士多德在中国》，韩小强译，江苏人民出版社，2019年，第30页。
② 沃尔夫：《语言、心智和现实世界》，转引自罗伯特·沃迪：《亚里士多德在中国》，第15页。

构分析与此不同，它取得信息的逻辑符合实验原则：透视影像，成分化验，分析血液、体液的成分发生了什么变化？增加或减少的成分是什么？和其他成分形成什么关系？发挥了什么作用？结果是不是和该病症有关？如果无关，怎样证明及排除？显然，病症是外部可现的，但成分的组合关系和作用深藏体内，无法简单观望或由病人自己说出，需要分析眼光甚至分析技术才能发现。对于人类社会也是如此。

（三）行为的系统性呈现

结构分析者预设，人类行为虽然差异万千，但共享某些一般性，比如任何个体都追求生存、安全、保护、互赖、交换（交易）、社交、效率、理想等。这些行为有重复再现的可能性，有特征及轨迹可以捕捉。集团或群体的行为受到重视，因为它们影响广泛，具有共享性，易于扩散习得，形成预期。难以想象没有预期指引的社会会有秩序，好比乘客上了一辆出租车，他预期车会开向要去的地点而非他途，司机则预期乘客会付款而非逃走，在这样的共享预期下，租乘关系才能形成秩序。这些预期虽然在刚上车时还没有实现，但预期行为如同签约形成确定感，系统地巩固着秩序结构。个人的行为在结构分析中价值不大，因为它很难对全局发生系统性影响。比如，一般的路人打架不是结构分析的对象，但具有群体特征——阶层、职业、性别、教育、组织、党派、信仰、团体、宗族、种族、年龄——的路人冲突，如果它们不断再现，就会进入结构分析的视野。

（四）关联和差异的层次

所有结构分析都重视关联和差异。这些关联可能在各个层次上产生。既可以是经验中可见的，也可能是定义的类别——比如理想类型，这通常是一种基于经验提炼的典型关系设定，用来揭示特定特征作为参照系。运用结构分析的人，既是经验主义者——主张经验证实，也是定理主义者——主张总结原理。两者相互联系，但属于不同层次。假如我们画出一个纵向的幅度线，下端是经验世界，上端是分析世界，那么中间的各个位置，都是分析可以选择的点。在这个阶梯中，向上走趋于简化，抽象性增加，比如总结公理、原理和定理；向下走趋于复杂化，独特性增加，比如潜入经验现象的复杂多面。由上至下，从高度简洁、抽象、一般走向复杂、具体、独特。① 研究者可以根据自己关切的问题，选择比较上部的位置，去发现规范层面的结构关系，比如个体主义和整体主义，也可以略向下，发现科层制与君主制的结构属性，还可以选择更下部

---

① Andrew J. Nathan, "Is Chinese Culture Distinctive? A Review Article", *The Journal of Asian Studies*, 1993,52(4):923 - 936.

的基础位置，发现现象层面的行为事实，比如农民和新生资产阶级、精英和大众、组织和其成员等。

在这样的预设下，有些社会现象显然不适合结构分析，比如个人选择、微观层面的动机与行为之间的关系。一个学生是选择进一步深造，还是尽早开始职业生涯，积累工作经验和人脉，这些动机的不同，属于个人选择问题。但如果我们要讨论的是家庭或者学业背景对个人选择的影响，结构分析就会有助于看到一些普遍性偏好：比如较低收入的家庭多希望子女尽早工作，鼓励他们进入国企或选择公务员、教师等较稳定的职业。如果要对比代际职业选择的意图是否存在差异，则以年龄作为标准的结构分析也能帮上忙。

克服机械决定论

一些批评把稳定预期称作机械决定论——似乎符合某种结构特征就一定会出现类似结果。如果说早期的结构分析，主要是通过理论演绎说明社会秩序的话，之后的结构分析，已经打破了"单一决定"的迷思，对历史经验的结构分析，帮助结果分析克服了机械决定论。大量基于事实的经验研究，已经放弃了特定角色结构具有特定功能的假设。

比如，早在1966年，摩尔就注意到，在不同的历史时点，行动者作出不同的决定，引发连锁反应的后续事件，最终导致截然不同的历史形态和后果①。斯考切波也在 80 年代提出国家的不同反应之杠杆作用——国家是崩溃，还是积极应对国际国内局势，对社会革命的发生存在重要影响②。在 1996 年的对话中，蒂利明确指出帕森斯的范式没有时间纬度③。上述相关的反思已出现半个世纪之久。基于历史经验的结构分析发现，一些结构的"确定"角色，事实上可以出现不同的功能，比如掮客，作为关联上下的桥梁角色，对于基层利益内聚并非只有瓦解作用④；传统宗族的组织结构，也并非仅会对市场产生阻碍作用⑤；旧体制的保护，在某种程度上降低了社会转型的动荡风险⑥。

同样，法治的进展也可能是意外后果，在特定的历史条件下，它们不必然源自国家推动法治进步的目的，完全可能出自其他"非法律性的"动机。比如，学者汉纳

① 巴林顿·摩尔：《专制与民主的社会起源：现代世界形成过程中的地主和农民》，王茜、顾洁译，上海译文出版社，2012 年，第 927 页。
② 斯考切波：《国家与社会革命：对法国、俄国和中国的比较分析》，何俊志、王学东译，上海人民出版社，2007 年。
③ Bruce M. Stave, "A Conversation with Charles Tilly: Urban History and Urban Sociology", *Journal of Urban History*, 1998, 24(2):189. 转引自查尔斯·蒂利：《为什么?》，李钧鹏译，北京时代华文书局，2016 年，《为什么?》的理由（代译序）。
④ Henning Hillmann, "Localism and the Limits of Political Brokerage: Evidence from Revolutionary Vermont", *AJS*, 2008, 114(2):287–331.
⑤ 彭玉生：《中国转型经济中的宗族网络和私营企业》，香港中文大学华南支持计划、中国研究服务中心工作论文，吴慧婷译，张永宏校，2005 年。
⑥ 张静：《社会变革与政治社会学——中国经验为社会转型理论提供了什么》，载于《浙江社会科学》2017 年 10 月。

（Hannah Simpson）发现，英国皇家司法院在 12 至 13 世纪变得更高效和专业化，成为之后英国司法体系发展的起点，但是这一变革不是来自国家政权现代意识的主动推动，而是一个实际困境——对于财政收入的渴求——导致的。当时政权面临财政危机，执政者需要在短期内筹集大量资金，但提高税率可能引发政治反抗，而拓展有偿诉讼服务，不仅能够获得资金缓解财政问题，还能够回应社会对于法律服务的普遍需求。这个"找钱"决定客观上意外推动了法治的进步。[①]

这些进展的一个贡献，是使结构分析甩掉了"目的论"（走向单一的结论）的帽子，开启对意外后果的重视，尤其是那些对于后来历史进程产生了关键性影响的事实。比如，根据转型理论的预测，中国朝向市场经济的改革中，相对于市场的影响力，再分配的影响力将持续下降，否则将无法提升发展效率。但中国的意外情况是，两种影响力并非呈现此消彼长、正面冲突，而是迂回乃至形成合作共生的结构关系[②]，表现为"政府即是厂商"[③]。这些意外现象并非符合结构功能的理论预设，却是社会的真实现状。

---

① Hannah Simpson, "Justice for Sale: Political Exigency and the Development of a Legal System", 2017. 可参见蓝培原：《狮心王、十字军东征和普通法系的起源》，知乎网，2017，https://zhuanlan.zhihu.com/p/32370552。

② 张静：《回应社会变革：中国实践为转型理论提供了什么》，载于张静主编：《中国社会学四十年》，商务印书馆，2019 年。

③ Andrew G. Walder, "Local governments as Industrial Firms: An Organizational Analysis of China's Transitional Economy", AJS, 1995, 101(2): 263 - 301.

国家权力与社会权力

最能显示上述进展的是国家研究。它改变了角色竞争，或者国家代表统治阶级，是社会中取得支配地位的阶级代理人——这些国家与社会结构关系的设置，进入一系列新的领域，可以称之为"社会中的国家"或"国家的社会基础"分析。这些分析的目光，并不是盯着国家的理论定义角色，而是通过实践经验识别国家的形态和目标形成——他们的实际角色如何，为什么有差异，怎样受到社会势力的构造；国家的行事原则，比如如何与社会同构并交易，国家组织的不同层级和机构内部的历史关系，如何使其形成多重的角色目标。

比如，依据对第三世界社会组织的历史研究，米格代尔研究团队发现，国家效能变化的基础，在于它与社会的关联。在社会变迁中，国家的效能无法独立于社会得到发挥。国家必须被分解来观察，因为他们的组织架构和角色在特定的历史中形成。与国家一样，社会势力的大小和作用，也依照具体的现实环境而变化。

因而，虽然找回国家很重要[1]，但国家需要被定位于社会背景中，尤其是制度化水平有限的发展中国家，国家

---

[1] 斯考切波：《国家与社会革命：对法国、俄国和中国的比较分析》。

和社会关系的相互转化可能形态不同。当我们沿着古典思想家——17世纪霍布斯《利维坦》开启的研究问题前进时——国家如何建立起全面的统治权威，如何制定支配性的道德秩序，决定日常的生活关系，如何为社会订立经济议题，调度资源，形成投资，确立生产、分配和消费的模式——研究者不自觉地把国家视为具有强大控制力量的有机体，并赋予其本体地位，但实际上，这些控制力量因其所处的社会结构而完全不同。

这些不同，来自国家与社会在不同层次上的相互牵涉，国家经常面对散布于社会多个领域的组织力量，展开控制与反控制的斗争，理解这些控制模式的形成，只能拆解——包括拆解国家组织，拆解国家和社会之间的联系架构——才能看清。国家加强控制权的过程，往往伴随着将地方组织纳入，或将松散的地方联合体进行国家化改造，将其改造为紧密联系的民族，这影响了国家角色的构造和目标的形成。随着国家目标和手段的变化，社会也有不同的反应，此过程可能彻底改变国家的性质。比如，国家的不同层级——决策、分配、执行——面对不同的压力，回应并非彼此协调一致，结果是一系列不同反应性行动的积累，越是基层，越有可能出现与国家指令的抵抗关系。所以，理解国家与社会的关系，需要先理解它存在的基础——社会组织化系统。由于多重社会组织和国家交集的战略不同，两者相互强化或相互抑制都有发生，之间既有相互吸纳融入，抑或形成强制控制，这几种情况在不同的国家都有发生。在不同的时空环境中，社会组织是分散的，不是一个统一体，社会成员不存在包容并置的共识，他们和国家的交流往往产生截然不同的后果。[①]

大量的历史经验案例证明了这些结论。比如，巴西军政府受到历史上形成的社会政治格局限制，缺少动摇地方的资源控制能力，反而加强了地方网络的广泛联盟，故在军政府对社会的改造中，国家的政治和财政集权归于失败。[②] 印度国大党的经济改善计划也遇到无法凝聚社会共识的问题，缺乏党内支持，同时遭遇农民群体的反对（他们普遍认为这项政策真正的受益者是城市人口），政治决策中心与社会边缘之间，缺乏强有力的系统性联系。位居乡村的领袖利用这个机会，动员农民反抗国大党，导致政体无法摆脱面对社会基础的低效能状态。[③] 在非洲，国家统治阶层在起源和利益上都不同质，他们是一个精英的混合体。精英推动的土地所有权变革，由于威胁到现有等级之间的团结，当局只能依赖分散的社会同盟的认可，因而

① 乔尔·S. 米格代尔、阿图尔·柯里、维维恩·苏主编：《国家权力与社会势力：第三世界的统治与变革》，郭为贵，等译，江苏人民出版社，2017年。
② 弗朗西斯·哈根皮安：《传统政治对巴西国家转型的反动》，载于乔尔·S. 米格代尔、阿图尔·柯里、维维恩·苏主编：《国家权力与社会势力：第三世界的统治与变革》，第二章。
③ 阿图尔·柯里：《集权与无能：比较视野中的印度民主》，载于乔尔·S. 米格代尔、阿图尔·柯里、维维恩·苏主编：《国家权力与社会势力：第三世界的统治与变革》，第四章。

国家权力长期摇摆于碎片化的地方势力之间。[1] 随着频繁发生联系或脱离的拉锯战，过往的等级化接触被横向联系取代，形成新的庇护关系，结果是国家的组织能力被进一步削弱。[2] 这些经验研究，展示了不同于传统的"国家与社会"结构关系的结论：传统上被视为强大有效的国家，可能因重重社会限制而缺少效力；社会自主性既可以是国家能力的强大来源，也可以是国家虚弱的根源[3]；社会势力依特定环境——比如其与国家的联系方式——而变化；等等。

在国家和社会的关系方面，这些研究的一项重要进展，是放弃单一预设，将组织角色置于真实历史情境中，不是仅关注国家组织和社会的区别，而是追溯国家与社会的具体联系方式，包括行政体内各层精英之间、精英和社会势力之间的联系方式，了解政治联盟如何形成，他们如何组织，如何建立和巩固纽带，伙伴之间如何协商和沟通。[4]因

① 凯瑟琳·布恩：《后殖民时代非洲的国家与统治阶级：持久的权力矛盾》，载于乔尔·S. 米格代尔、阿图尔·柯里、维维恩·苏主编：《国家权力与社会势力：第三世界的统治与变革》，第五章。
② 内奥米·哈占：《接触国家：撒哈拉以南非洲的社团生活》，载于乔尔·S. 米格代尔、阿图尔·柯里、维维恩·苏主编：《国家权力与社会势力：第三世界的统治与变革》，第十章。
③ 阿图尔·柯里、维维恩·苏：《国家权力与社会势力：论第三世界国家的政治竞争与妥协》，载于乔尔·S. 米格代尔、阿图尔·柯里、维维恩·苏主编：《国家权力与社会势力：第三世界的统治与变革》，第十一章。
④ 安德烈亚斯·威默：《国家建构：聚合与崩溃》，叶江译，格致出版社/上海人民出版社，2019年，第9页。

为这些联系方式，能够更切实地反映国家和社会相互转化的特性，从而真实地解释一系列行为及变迁为何出现。

国家角色差异

在原有的结构分析中，国家的角色和任务是给定的，具有一般的标准。但在实际历史经验中，不同的政治逻辑，推动着国家角色差异性的形成。如果以给定的欧洲国家为标准，那么中华帝国晚期历史的许多内容就变得无关紧要，它们和国家"标准"的角色认知关系不大，因为政治代表、战争和财政扩充等形成欧洲国家角色的重要因素，在中国历史中有所不同。然而，如果从一种中国的视角来看欧洲的发展，情况会如何呢？[①]

欧洲中世纪历史一个主要特征，是随着地区间的政治经济接触不断增加，冲突摩擦日益出现，导致了大量政治经济竞争。因而，欧洲国家形成中面对的首要问题，是竞争对手的军事攻击。[②] 应对竞争需要维持武装力量，基于征税的政治约定就出现了。统治者需要钱，作为交换，就只能承认缴纳者的权利要求，所以国家和社会出现"抗衡"，借此定义各方的权利、责任、义务，成为国家形成的

---

① 王国斌：《转变的中国——历史变迁与欧洲经验的局限》，李伯重、连玲玲译，江苏人民出版社，1998年，第102页。
② 王国斌：《转变的中国——历史变迁与欧洲经验的局限》，第93—94页。

主题。而西罗马帝国的灭亡，创造了有利于产生同意原则的政治环境：小规模和相对弱势的统治者、低交易成本让代议制度更容易建立。[1]

与此不同，历史上的中国国家面临的威胁，主要是内部的秩序瓦解，所以需要有效的社会控制——这种认识以及由此形成的儒家思想，作为社会控制的政治意识形态，在国家控制角色的形成中作用极大。在政治方面，古代中国国家官员与社会精英之间的联系强得多[2]，它运用科举制度吸纳而不是排斥社会精英，地方精英和官僚成员共享一个意识形态体系，同样恪守儒家关于社会控制的策略。在社会治理方面，两者成为统治盟友而非对手，国家总是借用地方精英的力量，实现对地方的间接控制。它使用的手段主要有三类：意识形态手段、物质手段和强制手段。[3]

在意识形态方面，中国历朝帝王把道德说教作为统治的基本方法之一，通过思想灌输和教化，国家试图消除异端思想的影响，特别是将可能招致动乱的信仰定义为邪说，让精英和大众保持与国家一致的世界观，来配合并加强统治。在物质利益方面，中国国家视农民的安生为重大的政治问题，用帮助和照顾交换感恩，把维系有农地耕作

① David Stasavage, "Representation and Consent: Why They Arose in Europe and Not Elsewhere", *Annual Review of Political Science*, 2016, 19:145 - 162.
② 王国斌：《转变的中国——历史变迁与欧洲经验的局限》，第101页。
③ 王国斌：《转变的中国——历史变迁与欧洲经验的局限》，第103页。

看成社会稳定的基础。比如，在明清田面权（受雇耕作者）和田底权（土地所有者）的冲突中，国家持扶弱的意识形态，多数站在耕作者的立场判案，保护无业农民安于土地，而非支持有产者做大做强。[1] 与此有关的是，国家把粮食供给当作保障农民生计的重点，所以几个世纪以来，一直由国家管理粮仓储存、粮食的运输和分配（在今天叫"抓好菜篮子"）。在强制控制方面，国家不断登记人口造册，限制迁徙，鼓励告发可疑行为，实行连坐处罚，实际上是在要求社会关系尽监视责任。除此之外，国家还不断限制地方豪强，警惕他们取代政权成为地方权威。显然，这些国家"做什么"的自我角色认知，来自历史及其面对的特有问题，而非国家的一般定义。

对照欧洲，贵族和城市是其在 14 世纪两种主要的政治单位，贵族拥有财产，城市掌控商业和贸易，他们对最高皇权的从属很弱。英法在国家的形成过程中，都曾要求王室承认贵族的参与权利，由此发展出欧洲的政治代表制度。[2] 国家在扩大财力和官僚力量的同时，必须承认划界，释放不同于己的权力并做出政治承诺（签订合约），方能成功瓦解地方庇护网，越过旧的权威中介，建立直接面对个体和群体的统治关系。而明清时期的中国国家通过吸纳

---

[1] 步德茂：《过失杀人、市场与道德经济：十八世纪中国财产权的暴力纠纷》，张世明译，社会科学文献出版社，2008 年。
[2] 王国斌：《转变的中国——历史变迁与欧洲经验的局限》，第 115 页。

体制，很早便解决了贵族士绅独立于国家之外的威胁问题，社会精英从未挑战国家，不存在两者相互妥协的问题，相反国家利用他们为地方服务，通过这些中介而非逾越地方权力，协助国家治理社会。在这个意义上，地方精英是官方维持地方社会秩序的一种补充辅助力量[①]，他们对于维系民安的重要性，一直是上下的共识。家国天下的儒家意识形态，构造了国家与社会的同构性，这些历史来源，逐渐形成中国社会和国家关系的结构根基。

我们看到，基于历史的经验研究，虽然仍然延续角色、组织、力量配置、社会关联等经典结构分析的立场，但论述程式已经不同：不是基于演绎和想象，而是基于经验证明认识社会。这种改变，明显增加了社会结构分析的厚度，颠覆了其抽象又远离现实的旧形象。

---

① 王国斌：《转变的中国——历史变迁与欧洲经验的局限》，第115页。

从特殊中发现一般

——反思中国经验的阐述问题*

问题意识

社会科学正在努力让世界"读懂中国",普遍采用的方式是论证我们的独特性——本土特征、差异模式、独特道路。这么做不是不对,但效果有限。于是有尖锐的批评出现:有理说不清,说了没人听。为什么如此?我们需要反思自己。

有一个问题不可回避,那就是如何阐述独特性才有助于提升相互理解?

在学术界,理解的前提在于评估是否值得了解。"值

* 本文开始构思于 2020 年 10 月吉林大学"读懂中国:方法论问题"工作坊,形成提要在 11 月 21 日上海社科联会议,以"在中国发现普遍性"为题发言,其后在北京大学文研院于 2021 年 5 月给出讲座,后发表于《学术月刊》2022 年第 3 期。在此又经修订。感谢周光辉、余逊达、陈明明、肖滨、景跃进、王续添、刘欣、何雪松、杨典等教授在上述两次会议的有益讨论,但论文的观点由作者负责。

得"是一个特指的专业性判断，指是否具有知识价值。有知识价值意味着两点：提供事实而不是论断，揭示事实中的原理。学界的信念仍是培根所言：知识就是力量，而非力量就是知识。所以光声音大不行，还得有内容。这内容必须是通过事实证明的解释原理。事实和原理阐述有助于提升立场的正当性，至少是可论辩性及可接受性，但单纯的立场表达无法等同于事实可靠或原理真实。这种关系提示了一个问题：从事社会科学研究，如果疏于阐述事实和原理，将使交流遇到困难。

立场不同可能产生认同（积极标准）或者接受（消极标准）吗？世界上不乏这样的例子，所以才有"值得尊敬的对手""有建设性的竞争"的说法。这里的"值得尊敬"和"有建设性"，通常来自对行为基本原理的了解。虽然社会科学研究并非与价值立场无涉，但立场需要通过验证原理得到说明。这有别于用学术语言谈政治，因为学术针对知识，而政治针对对手。知识发现虽然有竞争性，但目的是通过学习克服人类无知，所以在严谨的学者看来，一种现象是否包含值得了解的知识，与行为者是谁关系不大。而在政治斗争中，如果承认对手的做法符合原理，就可能出现政治不正确问题。这个差别，用社会学常用的分类表述就是：知识视角是普遍主义（针对行为）的，衡量的标准一致，否则难以说服、取信他人；政治视角是特殊主义（针对对象）的，衡量的标准多元，否则无法打击敌手。由于存在敌友阵营，政治必须首先识别立场，展示力量控制对方，但知识需要一视同仁，探索不同经验的行动原理，增益对人类自身的认识。如果承认这一差别，那么仅以知识之形施政治之实，能否真正促进相互了解？我对此持怀疑态度。

很不幸，由特殊主义原则指导论述，常常支配着社会科学的问题意识。这表现在放弃求知型提问，代之以用学术话语伸张权力意志，用普遍主义概念包装特殊主义事实。比如，在英语界，常见有这样的提问模式：根据标准本应……，但（某国）为什么没有……？这些从对象出发的提问，看上去立场互相针对，但实际上共享同样的特殊主义原则。真正的研究者与社会受众的区别在于，他会因为某原理可以解释现实，出现进一步了解的兴趣，而单纯的立场论述，很难对独立的思考者产生有力影响。

特殊主义原则的局限性，在于采用温暖的"同理心"对待事实。这是善意的，然而从研究角度看又是不合格的："如果只通过'同理心'去了解人类行为，我们就永远不能证伪描述性假设，或者为它们提供自己经验之外的证据，从中获得的结论，也永远无法超越那些未经检验的假设，这样的阐释将止步于个人理解，而非科学研究。"[1]

---

[1] 加里·金、罗伯特·基欧汉、悉尼·维巴：《社会科学中的研究设计》，陈硕译，格致出版社，2014年，第35—36页。

"同理心"常常以识别对象为前提，难免忽略系统性思维和参照系比较，结果往往是排斥超越自我经验的证据，陷于对有限经验的绝对信仰。这种"思想视阈的内陷"，特点是缺乏批评审视，满足于自我专注甚至自恋①——这个警示虽然针对西方知识分子共同体，但值得全世界知识界记取。因为将学术问题转化为政治问题，使原理探索变成立场宣示，在中国学界的"辩论"中也不乏案例。比如，将费孝通提出的"农工混合乡土经济形态何以在中国存在"，变成不同发展模式问题——为何中国乡村工业化没有走西方的道路；把彭玉生提出的"在缺乏个体产权的情况下，宗族团结和信任为什么能够保护非正式产权"，变成特殊的工业化模式问题——为何家族才是解释温州工业化的谜底。

这类针对点的转变，反映了在问题意识深处，对一般性知识追求的无感，试图以学术政治替代学术原理竞争：指出一般的工业化道路或现代企业制度在中国社会不能成立。倘若如此，那么怎样解释，人类上百年来的工业化现象，作为更具效率的生产方式在中国的出现？又怎么解释，从长程历史来看，中国企业的各种管理规则和世界的

---

① Zygmunt Bauman, "*Is there a Postmodern Sociology?*", in Steven Seidman, ed., *The Postmodern Turn: New Perspectives on Social Theory*, Cambridge University Press, 1994。转引自亚历山大·伍思德：《在西方发展乏力时代：中国和西方理论世界的调和》，载于黄宗智主编：《中国研究的范式问题讨论》，社会科学文献出版社，2003 年，第 27—42 页。

趋同大于趋异？对这类问题的转化习以为常，是否也是缺乏整体观照的自我专注呢？特殊主义的提问逻辑也许适合战斗，但不适合探索——如果我们的成功说明我们做对了什么，这种"对"的行为原理是什么呢？和其他的成功经验相比，原理上相似还是迥异？如果是后者，需要从特殊经验中揭示新的、可解释的一般性原理，并经受其他经验的挑战和检验，方能产生说服力。

整体性与系统性

与此相关的一个常见问题是，说理活动要不要以地域为界？我尚不确定这个问题对于知识产出的意义，原因在于知识流动的复杂性。知识虽然来自某个地域，但它的价值往往不受地缘限定，全球学界和业界都将参与评价。这意味着，判断知识是否有价值，和广泛的检验认可有关，因而新知识需要和已有的知识系统发生关系，很难仅由单方面定义。也就是说，所有新的探索，都不能不在已有知识的基础上进行，这当然包括人类全部的知识，而非仅仅是本土的知识。

为什么要和已有知识相联系？社会科学的持续性和系统性特点，要求知识之间具有牢固的支撑关系："在比较成熟的科学里，有一些相互关联的模式，可以称之为假设和理论，为研究者个人提供了牢固的支撑。这些假设和理论的发展，通过不断的逆向反馈，和具体资料及数据进展结合在一起。""如果没有从前的那些步骤，就不可能有后来的这些步骤，后来的步骤超越从前的步骤，然而从前步骤的意义，作为研究工作整个链条上的一环仍然保持不变。"这种"牢固的支撑"不仅来自具体的经验，也来自经验和理论的系统性关联："如果没有一些比较自治的、相互关联的模式，以及比较自治的理论发展，而仅仅从汗牛充栋的文献里选择一些个别的文献资料，就会被一些短命的、难以经受检验的研究惯例所主宰"，从而无法避免在"时代动摇不定转瞬即逝的各种派别影响"下，"历史总是被改写"的命运。[①]

社会科学的整体性和系统性，还与是否指向非短期、非偶然、非特定的一般性相关。这里，"短期"是指暂时性的关系，"偶然"是指较少概率出现、不是常态的情况，"特定"是指必须依赖大量的限定条件，而"限定"意味着不易自然出现。在社会科学研究中，对短期、偶然和特定因素的探索，不是没有意义，但其重要性程度相对较低。社会科学要寻找的，是推动重要改变发生的常态因，而非条件稍微变化因果关联就即刻瓦解的偶然因。并非所有的活动都起着同等重要的作用，大部分的人类活动，结果不

---

① 诺贝特·埃利亚斯：《宫廷社会》，林荣远译，上海译文出版社，2020年，第9—11页。

过是在延续或重复社会和文化结构，并未带来显著和有意义的变化①，所以从复杂的社会现象中识别常态因，对于引发其他研究者的注意十分重要。

显然，在整体性和系统性要求下，"熟悉"不等于"知道"。熟悉有关经验现象，而知道有关原理知识。现象是零碎和多变的，原理则必须有关联和稳定理由。原理能够解释现象，但现象甲不能解释现象乙②，现象之间的关键联系在被一般化成理论关系后，方能解释同类现象。比如，中国的扶贫实践获得全世界承认，此乃现象，可无法用此解释其他地方的贫困现象，也不能解释未来的贫困现象。但为何总会有人陷入贫困？《贫穷的本质：我们为什么摆脱不了贫穷？》③ 揭示了原理。这项研究通过大量访谈和对比实验，探索了特定群体陷入贫困的原因，用以解释大部分贫困现象的产生。如果这个解释对多地贫困经验具有广泛的解释性，就形成了一般性知识，成为不同地区解决贫困问题的参照基础。

社会科学研究致力于通过局部经验，提供一般性知识，这不仅需要知自己，还要知他人，不仅需要阐述经验，还需要将经验转化为原理。这种转化离不开系统的参照系比

---

① 理查德·拉赫曼：《历史社会学概论》，赵莉妍译，商务印书馆，2017年。

② 张五常：《经济解释》（第一卷），商务印书馆，2003年，第一章第二节。

③ 阿比吉特·班纳吉、埃斯特·迪弗洛：《贫穷的本质：我们为什么摆脱不了贫穷？》，景芳译，中信出版社，2013年。

较。借用一个比喻：想象中国是一个房间，如果只待在房间里，我虽然可以告诉你屋内的每一个细节，"但无法告诉你房间所处的位置"[1]。要知道这个位置，必须走出房间了解整体，将对中国的所知，放入整个人类的知识系统中，方能看到它的价值。所以在理论形态上和已有的知识系统交流，发现不同故事背后的一般原理，局部经验才可能和他人的经验产生关联，这是不同的局部经验顺利交流的必经之路。如果不能从局部经验中发现一般关系，要么是这些经验不存在一般意义，要么是研究者缺少发现一般的认知能力。

发现一般要求以理论产出为中心，这与以经验（个案）产出为中心有所不同。后者就事论事（case-specific）[2]，不需要关注案例结论与人类整体知识的联系，而前者必须对已有的知识作出系统性回应，明确新结论在知识系统中的位置。如果缺少把局部经验进行一般化的意图，很多中国经验就止于特殊性故事，无法以一般知识的面貌出现。如果某一独特性同时具有普遍性意义，那么它的知识价值会提高，更容易吸引他人运用本地经验验证，通过交流过程向外扩散。倘若研究只针对我们熟悉的中国故事，无法面向整个人类提供行为原理，那么他人有什么动力要弄懂一个与认识自己无关的经验？

---

① 卜正民：《挣扎的帝国：元与明》，潘玮琳译，中信出版社，2020年，第15页。
② 德里克·比奇、拉斯穆斯·布伦·佩德森：《过程追踪法：基本原理与指导方针》，汪卫华译，格致出版社，2020年，第4页。

本体论与历史论

更进一步，面对中国经验，为何我们不去探索——独特中的一般——这一价值更高、更容易传播的知识，可能与更深层的思维特点有关。哲学是体现思维方式的途径，所以有必要进入哲学讨论。

古希腊哲学的目标，是回答事物的本质或自然属性，即探寻本体论问题。在这种目标驱使下，区分客观事实和主观感受之间的固定差异，构造有关事实的分类特征及客观定义，以此作为进一步的分析基础十分重要。这意味着，在基本原则方面，认识者和被认识对象有别，如果被认识对象不具备固定的客观性质，或者这个性质可以被认识者的想象随意改变，它就不是事实。这预设了，事实必须有超越性的、自在的、稳定的特征，方能作为范畴奠定认识的基础。

这一点是否自然成为不同思维方式的认识论前提？未必。不同哲学的比较分析发现，在中国哲学中，客观和主观之间并不存在不容改变的固定差异，事实也未必具有自在的稳定特征用于"援引"①。"中国文化的形成，并不企

① 郝大维、安乐哲：《期望中国：中西哲学文化比较》，施忠连译，学林出版社，2005年，第75页。

图诉诸那些规定人的本性并确立人类统一的普遍范畴，中国人更愿意用中部之国的人或汉人等地域性语言讨论他们自己……在对文化和历史的理解中，古代中国的思想家都不会援用超越的原则，来为他们的见解寻因作证。"[1] 不能超越的理由是，"义理之说与时势之说往往不能相符，则有不可全执义理者。盖义理必参之以时势，乃为真义理也"[2]。

为了容易区分，暂且称此为历史论思维，对应上述的本体论思维。有关客观事物的认识方式，这里存在值得注意的差别：特定和恒定的性质预设。历史论对事物的定义不同：它视事物是主客交融的、具体的、变化的、相互联系的，而不是有恒定的、客观的、独立的、超越的一般特质。历史论思维较少有将事物特征一般化的企图，因为一般化通常意味着较高程度的恒定分类，与基本预设有违。比较而言，本体论思维则在恒定的分类特征基础上，试图认识那些"确立人类统一的普遍范畴"，即一般特质。比如这些概念——具体的人（man）与一般的人类（mankind）；特殊的个人（person）与普遍的个体（individual）；单一行为（behavior）与集体行为模式

① 郝大维、安乐哲：《期望中国：中西哲学文化比较》，第 91 页。
② 赵翼：《廿二史札记》（第二册），中华书局，1958 年，第 339—340 页。转引自史华慈：《中国的世界秩序观：过去与现在》，第 298 页，载于费正清主编：《中国的世界秩序：传统中国的对外关系》，杜继东译，中国社会科学出版社，2010 年。

(collective patterns of behavior)。在这几组概念中，所指事实都同时具有特定性和恒定性：前者是独特的但后者是一般的，前者是具体的但后者是普遍的。或者说，前者重在个性，后者重在共性。就像张三和李四是不同的个人，但他们作为个体具有的权利是共同的，可以援引作为一般比较的依据。在这种区分里，特殊性不是普遍性，具体性也不是一般性，两者无法相互替代，但特殊性中有普遍性特征、具体性中有一般性特征可以认识，它们具有特殊具体的事实基础（根据）。

这个曲折绕口的概念区分有什么意义？不同的思维方式会有不同的回答。重要的差别在这一点：思维方式与认知信念——在个别中寻找一般、在特殊中探寻普遍——究竟有没有价值。在本体论的思维方式下，追求客观的普遍性、抽象性原理，超越具体、特殊经验的限定，去探寻事物一般的恒定本质，是研究工作的重要目标。在历史论的思维方式下，事物是变化的、历史的、具体的，不以恒定、一般的抽象特质作为存在前提。那么，谁会探索自认为不存在的事物特质呢？合乎逻辑地，如果根本不认为一般特质客观上存在，如何可能去探索它们？进一步，如果没有这样的区分前提作为先验援引，在具体/特殊的故事讲述中，如何会对一些关键不同——经验的（可见的）/超越的（可期的）、再生的（从有到有）/构造的（从无到有）——有所视见？如果不认为把认识推进到定理/公理/

原理的一般层次很重要，有什么必要从特殊发现一般？

这个问题的确很棘手：由于原理属于事物的一般特质，那么如果不存在对一般特质的（恒定）信念，所谓"探索原理"探索的究竟是什么？会以什么方式进行？是否眼前的经验所见就是原理？经验所见能举出一个事物的过程实例，但探索原理需要说出它的一般含义、普遍特征和不断重现的原因。当认识者这样做时，就无可避免地需要走出具体过程的特殊性世界，"进入观念和形式的认识领域"①。显然，走出具体过程的"特殊性世界"去认识一般，是否有用，是否可期，是否有价值，必然和认识信念密切相关。思维信念影响着研究者处理事实的方式。我们都已经知道，本体论思维的信念，是现代科学的认识论基础。在自然科学方面，对这个基础是一致承认的，但社会科学领域，认识论基础仍充满信念分歧，在中国这个人文传统深厚的国家，此问题尤其明显。

葛瑞汉曾经借助"因果思维"和"关联思维"的对比，来说明本体论和历史论思维的差异②，他发现这两种思维由于逻辑不同，注意的面向和能力有异。关联思维的信念基于经验本身，它假定事实是历史的、变化的、互为关联的，但并不进行同质和异质的定义之分，也不使用统

---

① 郝大维、安乐哲：《期望中国：中西哲学文化比较》，第40页。
② 葛瑞汉：《理性与自发性》，转引自郝大维、安乐哲：《期望中国：中西哲学文化比较》，第148页。

属的特征区别作为援引依据。而因果思维的信念在于认识一般性，它假定事物按照性质不同各有统属，在同质性事物之间，存在普遍和一般性原理（因果关系）可以探求。这两种思维导向有异，因果导向为纵向（具体到抽象，特殊到普遍），而关联导向为横向（平行的类比，指向具体可体验的事物，不求助于任何超凡的领域①）。横向思维和纵向思维能否产生共同的知识目标？我没有答案。

但我们无法因此而回避，因为这关系到什么是知识，要去认识什么——此信念极大地影响着研究者的思维逻辑。只要观察——面对同样的资料，为何不同的人常有不同的认识和分析深度——就可以发现：和掌握材料（经验现象）相比，思维逻辑（分析能力）一点也不次要，因为"思维会给自然的事件和物体，赋予很不相同的地位和价值"②。"特殊性世界"的经验材料是零散随机的，它们的意义在于组成联系，而建立这种联系依靠的是认识过程施加的分析，经验材料可以用于证实，但如何组织它们用于解释，则依赖理论系统和分析逻辑。往往是思维方式而非眼见本身，决定了认识者能从经验中"看"到什么。运用逻辑方能发现数据之间的关键联系，所以在发现因果关系

① 郝大维、安乐哲：《期望中国：中西哲学文化比较》，第 150 页。
② 约翰·杜威：《我们如何思维》，伍中友译，新华出版社，2010 年，第 15 页。

方面，思维甚至胜于数据。① 堆积数据和材料可以"产生出好的故事，但通常产生不出知识。因为它只是感觉的绽放，目的是强化人们的心情或感受，其联结的纽带是感情的连贯……（而）思维则立足于某种有根据的信念，这种根据并非指直接感受到的事物，而是真实的知识，被信以为真的知识"②。

事实与意愿

上述思维方式的区分，可以帮助研究者辨别，在面对现象时，所谓"认识"，究竟是发现客观事实，还是阐述主观意愿。这两个东西有时混在一起进入交流，但区分它们对于沟通能否建立共同基础很关键。意愿是一种对事实的个人看法，常常陷入分歧，因为意愿很难不加入对利、益、势、德及结果的考量，但事实是超脱这些考量的。事实论证必须依靠可共享的证据，并且允许各方加入新的证据信息，支持、补充、修正甚至推翻旧证据。如果证据真实明显，则更容易被持有不同意愿的人接受。比如，在交通事故发生后，当事者说，是对方的错，自己没有责任，这是意愿，不一定是事实证据。还比如法庭辩论，控辩双

① 朱迪亚·珀尔、达纳·麦肯齐：《为什么：关于因果关系的新科学》，江生、于华译，中信出版集团，2019年。
② 约翰·杜威：《我们如何思维》，第5页。

方相互斥责表达的是道德意愿，也不一定是事实证据。所以证据必须通过其他独立的渠道得以验证。

在知识交流中，事实之所以比意愿更容易被接受，是因为它有超越不同的情感、立场、意识形态、利益、道德、个体经验和偏好的特点，这一特点，我们不妨称之为事实的独立性。而意愿则受限于不同的情感、立场、意识形态、利益、道德、个体经验和偏好，它没有办法"独立于"这些影响存在。事实的独立性使之纯粹：它不是愿望，和是否喜欢无关，和应该怎么样、希望它怎么样也无关。这确实非常冷酷，常常被有情感、有温度、有道德的常见思维不喜。但之所以揭示事实才能使人信服，就在于它区别于文学虚构、情感宣泄、道德评判和个体偏好。如果把事实发现和意愿表达混淆，就很难区分愿望和事实，这样，面对的事物是什么和它应该是什么、我希望它成为什么，就变成了同一个问题。

这种混淆——把关于事实的特征定义当成喜好和意愿——给社会科学研究的交流增加了困难和不解。比如社会学者经常使用"现代性"和"传统性"，指涉两种社会的异质特征。它们不是自然经验时间，而是基于性质差异来定义的时间，用于理解不同的社会现象和结构。把这个定义看成事实描述，还是抬高自己、贬低他者的意愿表达，都会极大地影响着人们的交流效果。把它当成事实的人，认为这个概念提供了有益的事实特征概括；把它当成意愿的人，认为执此定义者欢迎现代、厌弃传统，还把自己社会的特殊历史说成现代性的起源地。对后者而言，这两个概念不是中性的。但从前者的角度看，事实和意愿不分，会很容易把事实理解为意愿。

　　事实现象无论如何定义，必须有经验基础和证据，但意愿未必。比如前述的社会"现代性"，它们是什么，为什么出现，以及如何扩散，是必须要用史实证明的，这和人们是否喜好它、是否应该推动它，完全是两个问题。詹姆斯·弗农从英国历史中发现，人口流动促进了超地方交易的发生，一系列的社会变化随之出现。与之前有限不变的生活区域不同，广泛的人口流动提供了差异性（陌生人社会），导致不同的客观评价在新的生活地点交汇。为了区别，必须给在家乡和迁入地的不同规则命名，于是前者被定义为传统性，后者被定义为现代性，以区分是依据对象和关系识别的特殊主义规则，还是根据行为和定则识别的普遍主义规则。弗农观察到，普遍主义规则在陌生社会更加盛行，这助长了更多抽象社会关系的形成。同时，随着个人和原生地的关系不断弱化，独特的家乡在他们的生命历程中越来越不重要，植根于个人和原生地的旧关系模式渐渐难以为继。因为旧世界是围绕亲密的地方及个人关系构建的，而陌生人必须在与彼此的交往中发展出新的律例、约束和道德规范。由于规则根本不同，它们是熟人社会无法提供的。陌生人社会面临一系列彼此协调的新问题，为了解决这些问题，抽象化、不同于家乡的规则应运而生。正是这些挑战，激发了对抽象规则的植入和再造。[①] 这些基于事实的现象描述，并不代表作者的意愿在使传统衰落。这里，"传统在衰落"是一个事实判断，而非价值和道德判断。作为一个事实——它不受发现者的意愿支配——在独立地发生，它们被描述是因为该事实真实出现了，而不是因为表述人持有让传统消失的意愿：

> 社交活动的新法则及更细致的社会分类渐渐成型，以便于彼此陌生的人们在各类场合能正确预期和应付对方；权力和权威不再由那些显要的、认识的人物所掌握，而是逐渐移交给了抽象且匿名的官僚机构；伴随着许多新组织出现，长久依赖地方网络和个人信用的贸易被逐渐重构，经济活动开始受控于抽象、规范化的全新交易规则（法律）；新型职业群体不断出现（士兵，工匠，临时工，牧师，国家职员包括收税人员、邮政人员以及激进的政治领袖等），产生了新兴的市民类别；在更为开放、流动性更强的城市，陌生人共同工作的概率增加，频繁与陌生人邂逅的机会，产生了维护私人空间、人际恰当交流、建立社交距离等问题；关于抽象概念的印刷品广泛传播，

[①] 詹姆斯·弗农：《远方的陌生人：英国是如何成为现代国家的》，张祝馨译，商务印书馆，2017年。

促进了基于认同感而非地理分区和关系的共同体建立；地方面对面交流的市场，被重新构建为抽象的空间，商品交换的模式不再以个人识别为条件，（这样）广泛的、跨地方的交易才成为可能……

弗农描述了一系列传统规则的瓦解及现代规则的扩散，他用"规则抽象化"——即不是针对某特定对象的通用规则，它无须再以辨认对象为前提，由此降低了传统社会面对面交往的巨大成本——概括变化中出现的一般性现象。为何这是一般性现象？因为它虽在英国历史经验中被发现，但所描述的异质性状况，在很多国家的社会变迁中都可见到。因此，类似的事实完全可以从任何地域经验，包括中国经验中得到证明。但如果我们缺乏从特殊经验阐发一般事实的能力，就会把他人的阐释当作独特经验，同时把自己也看成独特经验。如果独特经验无法互通，不承认可能存在普遍共享的事实，就等于否定了从自己独特经验中挖掘一般性的可能。

目标设定与推理逻辑

在任何思维方式的交流中，阐述自己都可能出现两种后果：强化或缓解沟通不解。为何可能强化沟通不解，变成你说你的、我说我的？缺乏可共享的目标设定和推理逻辑是也。从反思出发警示问题，我简要讨论以下几个常见的方面：①轻视将经验和理论问题相联系，主动弱化两者关联的必要性；②忽略分析框架和预设等观念架构的参与，无法让叙事服从于解释顺序；③用道德解读和意识形态评判，替代理论解释和事实归因；④停留在有限（局部）经验的现象因上，忽略探索有系统性价值的理论因；⑤用现象的复杂性拒绝超越经验的模式简化。这五点，简单来说，就是研究目标、分析框架、推理逻辑、抽象化和形式化，这些问题可能限制从特殊经验中发现一般理论的能力。

（1）研究目标

社会科学经验研究的基本目标是什么？学界没有充分讨论，似乎可以任由研究者自我选择。事实上，以研究为名的实际目标可以有多种，其中不少虽不可或缺，但与探索知识关系不大。

比如，如果研究目标是彰显成就，要点就是成绩罗列，并且假定原因已知——不然怎么会取得成就？较少会自动走向进一步探寻——究竟做对了什么，为何做对了，原理是什么，和其他已知的原理是什么关系，如何回应不同的解释，等等。还比如，如果研究目标是教化，提升受教者的思想境界，那么通常是居高临下、自我确信的，老师带领学生，怎么会和他们一起去平等探索未知？再比如，如果研究目标是战斗，要争取把敌手打败，必预设自己正确、对方谬误，怎么可能将不同的经验进行比较，并试图发现通用原理？显然，研究的目的有很多种，不是所有的目标都会自然地指向知识探索。

知识探索的目标实际上是简单的，它关心的问题限定且纯粹：发现了什么事实？其原因为何？已有的解释是否正确？由于研究的探索性，完全可能出现不同的答案，这没有关系，经历批评检验可以辨别真伪，所以思想论辩市场的存在，对于知识竞争不可或缺。比如，研究者观察到，在一些情况下，社会财富有巨大增长，而另一些情况下并非如此。这是一个现象发现，要让这个现象引起学界关切，需要进一步寻找解释——为何如此？原理在哪儿？很多研究者为此目标工作，探讨什么样的制度条件能够创造财富生产的诱因。对此问题，哈耶克的回答是，能够有效利用分散（于社会成员中的）知识的制度①，贝克尔的回答是，能够促进人力资本广泛投资的制度②，蒂约尔的回答是，相容激励、可形成利益分享最大化的制度③。这三个回答虽然不一样，但都试图发现有关制度激励的一般知识，解释财富增长的成因。这样，来自不同经验的成果，就可能产生相互了解的兴趣。

---

① 哈耶克：《知识在社会中的运用》，载于美国经济学会主编：《美国经济评论百年经典论文》，杨春学，等译，社会科学文献出版社，2019年，第409页。
② 加里·S. 贝克尔：《人力资本》，陈耿宣译，机械工业出版社，2016年。
③ Eric Maskin, Jean Tirole, "Unforeseen Contingencies and Incomplete Contracts", *Review of Economic Studies*, 1999, 66(1):83–114.

（2）分析框架

分析框架类似于理想类型，是一项将事实要素的关系理论化的努力。分析框架具有竞争性，代表着流派传统，所以有多少分析框架，实际上就会有多少分析标准。这些标准往往影响着研究者对具体事实的看法，在研究中起到发现事实、确定价值、提供标准、组织证据的作用。如果没有分析框架的帮助，很多差异现象就会隐藏于历史而不被看见。因为判断何者为关键要素，并非由材料自动给出，而是由分析者从材料中找出。[①]

比如，对于社会转型的分析，一种分析框架是，生产力的发展，改变了生产关系，从而出现了有产者支配的社会形态……因此，生产力的变化是社会形态转型的原因。另一种分析框架则是，产权关系确定，激励了效率追求行为，推动了生产力的研发更新，使更多的生产剩余转向投资，从而出现了有产者支配的社会形态……因此，产权关系的变化是社会形态转型的原因。那么，究竟是生产力推动了社会转型，还是产权关系推动了社会转型？与其说是碎片化的资料本身，不如说是经过分析框架对资料的组织方能给出答案。没有分析框架，很难揭示因果联动机制，这种揭示必须有观念架构的参与。

① 张静：《社会转型的分析框架问题》，载于《北京大学学报（哲学社会科学版）》2019 年第 3 期。

（3）推理逻辑

不同的语言，由于历史和文化的原因，往往重视的焦点不同。很多时候，人们互相不懂，问题不在观点（有分歧在学界很正常），而在论证的逻辑。比如，采用证明还是评断，属于不同的逻辑。证明需要展示证据，证据要有多元来源并各自独立，而评断通常不区分证据和意见，也不要求多元证据的独立性。如果从证明的逻辑出发，评断应是证据的结果而不是证据本身。还比如，解释问题需要合乎推论的程式，一层一层拨开条件，揭示影响因素的作用，展示他人可见、可复核验证的事实，"用一步步的检验呈现，而不是以该个案中事件的叙事方式写成"[1]。这些逻辑不是观点，而是产出观点的推论方式，如果拒斥推论逻辑，观点就无法赢得严肃学者的重视。

在不同语言的交流中，尤其需要了解对方的逻辑基础，因为思维沿着语言设定的路径前行，每个研究者都无法逃脱母语的影响。语言的制约常常表现为逻辑差异，比如记录事实，用概念概括事实间的关系，与"传达情感、指导行为"[2] 的逻辑就很不同。这提示了研究者自我反思的必要性：在逻辑上，是否习惯评断而非证明？是否将自

---

[1] 德里克·比奇、拉斯穆斯·布伦·佩德森：《过程追踪法：基本原理与指导方针》，第5页。

[2] M.葛兰言：《中国思维》，转引自罗伯特·沃迪：《亚里士多德在中国》，韩小强译，江苏人民出版社，2019年，第30页。

己对事实的看法当成对事实的描述？是否将道德或意识形态判断当作因果原理陈述？任何语言的使用者都需要警惕自己的局限性，寻找共同的逻辑基础，思想交流才能促进相互理解。

（4）抽象化

寻找一般性知识是一种理论探寻，理论是社会现象背后的原理关系，表现为超越具体现象的抽象命题。理论不是和具体对象绑定的，而是对一类行动模式影响关系的抽象，理论不是说某人对了，而是说某一类行为对了，如果这种"对"具有原理含义，那么在同样的条件下，任何主体采用这一行为，都可能出现相似结果，这才是抽象化了的理论。理论不是简单的现象归纳，需要演绎和分析，如果仅靠观察发生链就能发现因果关系，"科学就太容易了"[1]。理论必须揭示关键性因果的影响，同时回答这一问题：任何事件如果被观察到以某种特定的顺序发生，为何我们确信，这是源于某个自然稳定的因果规则，而不是源于偶然？具体经验虽是地域性的，但理论需要观照全局和系统性，如果无法抽象为理论命题，任何经验都难在他人的世界中具有意义。

---

① 彭玉生：《社会科学中的因果分析》，载于《社会学研究》2011年第3期，第3页。

抽象化要求在现象的上位概念中寻求解释因，并用简化的命题形式表达出来。假设从经验到理论是一个纵向阶梯，经验呈现具体、多变、复杂的多样性，理论则是呈现一般、（相对）恒定、简洁的关系。寻找理论的工作，需要沿着这个阶梯进行抽象水平上升，使来自经验的发现能够（暂时）脱离经验，独立成为一组因果关系命题。因此，理论抽象只凸显关键因果关系，比如马克思揭示的原理——生产力决定生产关系——当其脱离了特定的经验（英德工业化），可以解释其他的工业化经验时，就成为一般性的理论命题。理论是可以脱离某一经验独立存在的、具有自洽性的、非矛盾性的、简洁关系的表达形式，其不是仅仅解释一个经验现象，而是对一类现象因果动因的描述。

（5）形式化

形式化在汉语中很容易引起"形式主义"的负面联想，所以未能引起应有的重视。但社会科学的形式化表达，并非人们通常厌恶的形式主义，而是指知识演绎的一种呈现形态：类似于几何图形，也可以用文字、数字和连线表达的、可推论分析的简洁式。在多数学科中，形式化是常态——比如运用公式模型表达事物之间的关系。部分文科拒斥这一点的理由，是它不能呈现复杂性。如果复杂性是一个目标，可以用其他方式——比如叙事——呈现，但这不能成为否定形式化的理由，因为复杂性如果与关键原理相悖，就说明这一"原理"覆盖面窄，甚至难以成立。社会科学的目标，是从复杂性中拎出关键联系和特征，这恰恰需要形式化能力。

除了表达结论，形式化往往还是分析得以展开的必要起点。比如我们分析资本主义和社会主义两种现象，必须从两者的形式特征出发，这些特征由前辈学者经由具体的经验事实建构起来：一个是资本驱动的，高度竞争的，主要由市场调节的资源配置体系，福利保护较少，风险由抉择者个人承担；另一个是由行政组织驱动的，主要由中央计划调节的资源配置体系，福利保护较多，风险依靠组织承担……这些制度特征将差异的经验现象形式化为模型形态，通过知识传播，被广大的学界熟知接纳。对社会现象和关系的形式化表述，具有系统提供特征基准的作用。应当说，社会科学的大量概念以及概念（所表达的经验事实）之间的关系，都是形式化的成果。没有这种形式化工作，学界只能陷入各讲各话的境地，根本无法运用关键特征作为标准展开分析，更无法运用形式化模型的比较展开对话。可以说，没有形式化，知识就是碎片式的，它们之间难以建立系统性关联，更无法被运用于不同地方经验的验证、解释和预测。

案例分析的目标: 从故事到知识[*]

在社会研究领域, 案例分析作为定性研究的常见形式, 已经为越来越多的学者所运用。但是案例研究到底要做什么, 中国学界尚缺少系统的标准。这导致案例研究的水准参差不齐, 成果很难相互联系, 并显示系统性的累进价值。出现这种情况的原因之一, 是对案例研究的专业目标认识不明。

这种不明, 使案例研究者同时面临定性和定量研究的挑战。对这些挑战虽然少有系统性的论述, 但广泛出现于大学课堂和学者言论中。定量研究者提出这样的问题: 每年有大量的社会学案例出现, 但这类案例分析的标准是什么? 在何种意义上, 它是一项专业性的社会科学研究, 而不是一种个人理解? 定性研究者也存在不少疑问: 为何案

---

* 本研究得到教育部社会学基地（北京大学社会与发展研究中心）2017 重大项目（"社会治理: 理念、组织与方法比较"）支持。论文最初发表于《中国社会科学》2018 年 8 月, 感谢《中国社会科学》3 位匿名审稿人, 他们的意见帮助我避免了一些错误或误解。收入本书时又经修订。

例分析总是重复碎片式的孤立故事，成果难以建立相互的系统关联？对于这些诘问，回避者不做回应，反击者则批评"方法作为主义"的谬误①，结果是进一步扩大了误解：似乎重视方法是定量研究的专利，案例分析无须囿于方法，只需对行为的意义进行深入理解。

然而，问题尚没有解决。比如，什么是深入理解？如何深入理解？究竟要理解什么？深入或者肤浅的差别在哪里？上述抗辩预设的标准似乎有两个：主题和立场，揭示复杂主题谓之深入，而囿于方法限制势必难以揭示复杂现象；运用自身历史文化中形成的立场是深入，而其他立场势必不接地气。但在所有研究中——无论是案例分析，还是定量、定性分析——都既有深入的，也有肤浅的作品存在，其中揭示了复杂性的未必是没有方法，没有揭示出复杂性的也未必是因为遵循了方法。很多复杂的阐述并没有揭示出多少新知识，也有不少看似简单的论述和数据统计，加深了我们对复杂现象的理解。这提示了，方法和立场，尽管提供了若干分析手段和视角，但研究的深入或者肤浅，基本上不是一个运用何种手段、采用何种立场的问题。而案例（定性）和统计（定量）研究的所谓"对立"，一直在方法、立场和主题层面争辩，尚没有在研究目标的

---

① 渠敬东：《破除"方法主义"迷信：中国学术自立的出路》，《文化纵横》采访问答，爱思想网站，2016年，http://www.aisixiang.com/data/98668.html。

专业标准意义上得到分析：以社会为对象的科学研究者，其基本的工作目标是什么？社会科学研究是否存在"共同的"专业目标和标准？如果确实存在这一目标，那么方法的差异，就是以各自的优势实现共同目标的不同手段。如果追求知识的目标是一致的，那么各种方法就成为互补关系，独大及排斥反而有害于趋近目标。

澄清误解

针对案例研究，首先需要澄清一些误解。

一种误解认为，案例研究是一种前科学方法，因为它无须以数据为基础，也没有系统的分析方法可以遵循。这一误解起因于对研究材料的狭义理解：认为科学研究的行为类证据，仅以可数据化的变量为优。这事实上排除或者低估了其他材料的证明价值。相对于自然科学，社会科学运用的证明材料具有多样性：调查数据、历史文献、工作日记、口述纪要、影像材料、碑文印刻、族谱家书、文字档案、事件轨迹以及行为过程记录等。这些材料有些可以数据化，有些则不能，但同样能反映社会行为的特质，完全可以作为重要证据使用。比如，战争的惨烈状况既可以用伤亡人数表明，也可以用亲历者的日记、回忆、绘画、对话甚至行为及心理状况得到证明。

上述误解的问题在于，只重视材料的类别，而非证明的逻辑。如果说，材料的作用是提供分析证据，那么，就不应当以材料的类别划分研究活动的性质，因为不同种类材料的相互印证，有助于结论趋于准确。更重要的，是对材料采取的分析逻辑，逻辑才是"系统分析方法"的内核。很多案例分析的水准不够，不是因为没有材料，而是因为没有组织材料的科学研究逻辑。案例分析既可以运用定量材料，也可以运用定性材料，但无论使用什么材料作为证据，都不应偏离社会科学研究的一般分析逻辑：观察现象，描述特征，建立界定，比较类型，展示过程，分析影响，探索机制，寻求解释，达到证明。

即使是叙事社会学或叙事实证主义推崇的讲故事方法，也需要对事态关系的因果性（起因或中间因）、情景的效用（实际发生的作用结果）加以挖掘。[①] 分析性叙述方法虽然主张"通过丰富的、前后关联的细节得出理解"，但关键在于要"理解"什么：叙述不仅关注故事材料，也关注解释和背景，即使对象是单个行动者的行为，也需要理清"顺序关联"，探讨"互动模式"。这种方法强调，分析性叙述是两种东西的结合运用："包含经济学、政治学中常用的分析性工具和历史学中常用的叙述方式。"[②] 显

---

① 刘子曦：《故事与讲故事：叙事社会学何以可能》，载于《社会学研究》2018 年第 2 期，第 162 页。
② 罗伯特·H. 贝斯等：《分析性叙述》，熊美娟、李颖译，中国人民大学出版社，2008 年，第 11 页。

然，这些重视描述"故事"的方法，都不是在任意描述，而是运用分析工具、沿着分析逻辑、有目标和方向的展开故事，在基本原则上，它们都没有离开这一主旨：以社会事实为证据，运用社会科学分析工具，推断或求证社会现象之间的影响性关联，特别是因果性关联。

寻找这些关联，有些基本逻辑是多种方法共有、共认和共享的。比如，在案例分析中，即使不是数据材料，在要素关系的认识方面，挑选、比较和排除都并非可以任意，而是需要符合休谟的因果关系三要素——时空毗连、持续顺序、相伴而生，并且不能违背密尔的求同和求异比较之基本法则。这些经典分析法则，在今天看来，虽然在分析复杂性方面显得不够用了（有其他更精致的方法发展出来），但它们仍然甚为基本：阐述理由、遵循逻辑、善用比较、依靠根据。这些基本原则，不仅是社会科学得以成立的基础，也是自然科学重视并坚守的原则。这意味着，在基础层次上，案例分析不排斥科学分析的基本原则，相反，和它共享并遵守类似的原则。正是因为这些法则的存在，案例研究就不是随意的，它们是基于事实证据，对一系列原则（principle）、法则（law）和逻辑（logic）的应用。即使案例分析和定量研究有差别，这一差别也是在具体方法而非基础性的逻辑原则方面。无论是什么方法，只要是社会科学研究，目标都是产出有关人类行为或现象的知识。

实际上，很多看似完全不同的事件或行为，背后具有相似的行为逻辑。指出这些逻辑的一般形态或者所谓范型，是社会科学研究的目的，而描述具体的案例现象或者细节叙事，都不过是实现这一目的的手段。因而，将具体案例事实作为证据和将统计数据作为证据的用途一样，不仅仅是为了讲故事或展示数据，而是力求通过这些具体信息，挖出对一些基本关系类别、基本特征表象、基本行为范型的认识。这些"基本"方面是一种有关社会的知识（social knowledge）[①]。通过讲故事发现这些知识（而非讲故事本身），是社会科学案例分析的基本目标。

另一种误解认为，案例分析缺乏代表性。确实，它不可能覆盖全面的情况，因为案例资料通常来自时间和空间上的局部领域，是具体情景下发生的事实。即使是数据研究，其数值的获取实际上也无法避免具体时空的限定，但数据采集的优势，在于能够呈现一定时空内的总体情况。与此相比，代表性当然无法是案例研究所长，但这并不意味着案例研究不关心这一点。实际上，高水平的案例研究非常重视社会现象的公共性、可重现性、可预期性、整体性和历史性，尤其是关注社会行为与特定环境的关联，以凸显研究对象的典型性，使其代表一类而非仅仅一次或者

[①] "社会知识"的概念参见 *States, Social Knowledge, and the Origins of Modern Social Policies*, Eds by Dietrich Rueschemeyer and Theda Skocpol, Princeton University Press, 1996。

单个社会现象。这样的案例研究，不仅需要面对事实经验提出研究问题，更需要面对已有的理论知识提出研究问题。

案例分析的成果，如果可以让面对其他案例的研究者产生"似曾相识"的联想，启发人们运用这一案例提供的知识，解答自己所见的事实，就说明其发现具有典型意义，因为它提出的问题和解答，具有衍射到其他同类行为的解释能力。如同定量研究追求统计意义上的代表性一样，案例研究可以通过典型性知识的挖掘，产生具有"预测"别处社会现象的功效。这里，"似曾相识"指的是知识性命题，即在不同案例中，出现关键特征、要素关系或者解释原理的相似，而不是指经验材料的表象——发生的具体事件、组织体、行动者和过程——完全雷同。

第三种误解主要来自案例研究者自己，他们不相信案例分析可能取得清晰结果，从而放弃追求清晰的自我要求，理由是生活世界本不清晰，案例研究既然反映真实的生活世界，自然也无法做到清晰。这里的问题，是将生活逻辑与研究逻辑混同一体。如果只是为了描述生活世界，就不需要案例研究，有小说和报告文学作家、历史记录者、新闻记者已经足够。论讲故事，他们会比案例研究者做得更好。但这些故事产品，虽然可以成为案例分析的资料，却还不是案例分析，换句话说，这些描述可以为案例研究提供证据，但本身还不是一项社会科学的案例研究。

以寻求社会知识为目标的案例研究，不是在讲一个个不同的故事，而是在呈现事实中的行为特征、关键条件、动力来源和因果联系。这种探索不是一项容易的工作，因为在社会领域中，"并非所有的活动都起着同等重要的作用"，"大部分事情不过是在重复社会和文化结构，并未带来显著的变化"①。案例研究者所注意的知识，应该是具有关键作用的事实，这需要把那些处于混乱或者重复细节中的重要之物——具有关键作用的要素关联——经由研究工作的加工，挖掘并清晰表述出来。

社会科学的假定之一，是生活世界和分析世界既相互联系，又有所不同。两者的联系在于，分析世界必须以生活世界为基础，后者是前者的根据来源；两者的不同在于，分析工作必以专业的逻辑对资料进行取舍、排列、比较、计算、推论，找出其中的关键影响关系。这两个世界并不互相否定，只是目标有别。案例分析的过程不是被动的反射外界，而是一项认识加工，但加工往往不是加法，而是做减法——在复杂丰富的经验世界中，发现重要的影响关联，忽略表面或暂时的无关者。案例分析者的角色不只是镜子，他的工作不仅仅是给生活照相或复述（虽然这是一项基本功），而是发现——挖掘表面背后的本质关联。生活的丰富多彩、易变随性甚至混乱十分常见，但复制这

---

① W. H. Sewell Jr. , "Three Temporalities: Toward an Eventful Sociology", pp. 245 - 280, in *The Historic Turn in the Human Sciences*, ed. , Terrence J. McDonald, University of Michigan Press, p. 262.

种混乱不是分析者的任务，因为他们此时不是在生活，而是在做分析和认识工作。遵循特定的原则、保持逻辑清晰，虽然不一定是社会生活的常态，却应是学者工作的常态，他们的分析工作不应当被降低为再现或复制生活。

社会知识的多重形态

案例研究能够提供什么样的社会知识？

第一种是解释性知识，即有关影响、起因或者推动力（动力条件和行为、事件的因果关系）的知识。这类知识的作用，在于帮助我们知晓事实、行为及事件因何发生，为何以这样的形态而非其他形态发生，它们在什么条件下发生，推动力来自什么。比如关于社会变革的研究，案例研究者需要抽丝剥茧，将真正的变革从无关紧要的各种影响因素中区分出来，认识"改变社会结构的罕见时刻"[①] 以及变革产生的力量来源。案例分析中常见的动力研究、转折点研究、比较历史研究以及传导机制研究等，大多属于这一类。

第二种是理解性知识，即挖掘特定条件下的行为（行动）之特点、内涵和意义。这类认识活动常见于人文取向的分析作品。理解与解释的不同在于，解释的重点是证明

---

① 理查德·拉赫曼：《历史社会学概论》，赵莉妍译，商务印书馆，2017年，第12页。

和行为相关的原因，而理解的目的，则是认识人类社会各种行为的特征。这些特征可以是一般的，也可以是独特的。比如，说明自杀行为和自杀者与群体的关系有关，涂尔干提供的是解释性知识——解释什么样的社会组织因素，影响着自杀现象发生；而费孝通的差序格局概念，阐释了中国社会关系的特征，他提供的是理解性知识——理解中国的社会关系区别于其他关系的结构性特点。

第三种是规范性知识，即挖掘有关"价值评估"的知识。它们可以作为标准，用于鉴别什么是有益伦理、有益行为、有益关系、良序社会，或者怎样的制度干预是公平的，等等。这类知识的目标，在于发现对人类延续有益的生存原则，并力求将其转变成行为规范或制度原则。因为人类的认识活动，不仅关切客观现象的解答，还关切优良社会的建设，这就需要建立价值标准，对利害进行评估，以寻求良好生活的价值选择。

为何规范性知识不是一项个人见解，而是社会知识？规范性知识由学者阐发，似具有主观性，但它反映的不应是个人而是公共事务，它们是经由"交互主观性"① 的作用，形成的社会价值事实。案例研究常使用一些具有描述和评估双重含义的概念，比如德性，还比如自由，这些都

---

① 此概念来自胡塞尔现象学。参见张宪：《胡塞尔现象学交互主观性简述》，百度文库（人文社科专业资料），2016，https://wenku.baidu.com/view/e04b6b08591b6bd97f1922791688848868762b8f2.html。

不是单指个人德性和个人自由，而是人们在社会共处、相互关联中所需的德性和自由。这些概念既是对客观现象的描述，具有事实客观性，又是对行为特征的评估，具有价值导向性。价值作为公共事务的重要标准，往往需要通过案例研究得到阐发，在这一点上，案例研究可以对政策研究作出贡献，因为我们不仅需要了解某项政策实施的必要性和有效性，还需要认识它对行为的激励后果，是否对社会整体有益。[①] 规范性知识可以通过确立或修正人类对于理想状态的界定[②]，来补充解释性知识和理解性知识的不足，帮助人类朝着理想和文明的方向行进。

规范性知识无法与"客观研究"完全分开，是因为它事关甚至能够影响多数人的判断标准。比如，上述"朝着理想和文明的方向行进"，实际上必须包含价值标准：什么是理想方向，什么是向文明行进，都需要通过规范性知识的生产和辩论加以阐明。众所周知的例子，是马克思的《资本论》研究，他提出一项规范性知识——相对于资本主义，社会主义是更理想的分配制度。这里的"更理想"显然属于价值标准，马克思提出这一标准，不仅仅是指他个人生活更理想，而是他认为，对于广大的劳动者来说，社会主义是更理想的分配制度。还比如人类学家吉尔兹提

---

① 张静：《制度的品德》，载于《开放时代》2016 年第 6 期。
② David Thacher, "The Normative Case Study," *AJS*, 2006, 111(6): 1631 - 1676.

出，在理解人类行动方面，地方性知识比普遍性知识更具真实性①，因而也价值更高。

规范性知识可能修正人们的价值观，比如在市场经济兴起并扩散的初期，有关商业行为的道德争议广泛发生，这是因为大量的商业行为是新现象，商业关系与传统关系存在不少道德原则上的差异，社会研究经历了激烈辩论，才确立了"商业盈利"的道德位置，使得受到法治约束的商业行为具有了正当性。② 与此类似，指出人身依附关系具有阻碍发展的缺陷，这也是包含价值性的知识：对于经济活动的推动，人身依附不如独立对等关系更具建设性作用。这些有关社会的研究，不仅都包含有规范性知识——商业行为具有正当性，依附性对经济发展具有损害性，等等——而且它们阐发的价值标准，并非有史以来就存在，而是经济社会进入复杂阶段后的产物。这意味着，随着人类社会的变迁，规范性知识会发生改变，所以需要不断研究和认识。

规范性知识对于研究者之所以重要，在于他们经常需要意义判断。比如，为何一些议题重要于其他议题？为何一些制度更为基本关键？一般的分析较少涉及这些问题，

---

① 克利福德·吉尔兹：《地方性知识：阐释人类学论文集》，王海龙、张家瑄译，中央编译出版社，2004 年。

② 阿尔伯特·赫希曼：《欲望与利益：资本主义走向胜利前的政治争论》，李新华、朱进东译，上海文艺出版社，2003 年。

因为"意义"对于他们的解释工作而言，表现为要素关联的显著性程度，而非价值高低的比较。在很多研究领域，人们一般认为，从纯粹的经验现象中推不出价值证明，经验研究只关乎事实，它使用规范，却无法证明规范，规范和证明有各自"独立"的逻辑轨道，无法从"是"中推出重要与否。但案例研究可能做到这一点，因为它的研究问题选择，一般就包含"是否重要"的判断，为什么要分析这个而不是别的案例？为什么要收集资料去证明一个不重要的问题？为什么要关注对社会的影响微乎其微的问题？这些在一般的"中性"研究中不会被过度重视的问题，却是案例研究者首先需要考虑的。

上述三类知识，都可以成为案例研究追求的目标。显然，这对研究者的要求不是低了，而是更高了。除了经验观察，提供理解性知识和解释性知识，案例研究还可能提供规范性知识，这突显了知识的意义不仅在于提供解释和理解，它的反思性特征同样重要。知识源于两种途径：其一，经验现象的证明、归纳、演绎和推论；其二，反思，通过考量一种潜在性——评估确定和已知的事实——将其与人类的经验、信仰和追求联系起来。这种反思能力，帮助在尚未关联的事项中建立预设的关联，以求发现潜在性对于社会的影响意义，属人类所特有。人类的认识活动，可以通过反思性的预设关联，来构造无法直接从经验现实中显现的信念，而社会科学的案例研究可以做到两者：发现事实，同时阐发价值原则和信念。

因此，社会科学的案例研究具有广阔的空间。它可以提供多样知识，不仅可以在要素因果关系上发现解释性知识，也可以对特定的现象或行为特征提供理解性知识，更可以通过反思活动寻找和更正规范性知识。

案例与一般知识体系

为何案例分析的目标是产出知识，而不是"故事本身"？因为社会科学案例研究的角色，不同于文学和历史记述。

不同于文学，意味着案例研究的任务，不在于展示曲折情节、人物个性、情感命运及奋斗结局。讲故事追求的是高潮迭起，动人心弦，而案例分析作为一项研究活动，研究者的目的不是打动人心或者追求可读性强的作品。案例分析完全可以是激动人心的，但它或许只可能发生在一种人身上——他们对知识经由案例得到推进感到振奋。社会科学的案例分析不同于历史记述，是因为它的关注焦点不仅仅在于时间地点、人物作为和事件真相，还在于透过对经验现象的整理和分析，认识事实中具有相对稳定及一般意义的东西，比如（某类）行为特征、（某种）因果关联、（某项）规范原则。说它们是"某类""某种""某项"，意指任何一项知识都不是孤立的，它需要在一般知识体系中安放定位。它们可能是新的，原先没有证据或者没有被认识到的，然而一旦发现，就必然成为整体知识的一部分，进入系统知识大厦，和已有的知识共享一些标准。如果它不具备知识的特征，就进入不了一般知识体系。

一般知识体系是人类认识自身的阶段性成果，一方面，它是共有的、公开的、开放的、变动的，不是任何一个地区、时段、国家或意识形态的独有产物；另一方面，它又被人类认识活动处理为命题或原理，它们相互联系，具有系统性，处于认识阶梯中抽象性较高的位置，具有相对广泛的解释力，这是我们称其为"一般知识"的含义。虽然，社会科学很少能阐明所有时空都成立的普适性命题，它们表述的多是特定背景下的条件性命题，但这并不等于，这些特定背景下的条件性命题和一般知识无关，或者根本不用加入一般知识体系，相反，我们阐述特殊性知识的目的，是试图发现一种可以加入整体知识体系、属于其中的一种关系、特征或行为类型。作为类型，研究者所追求的，并非具体的场所和时间，而是发现在这一条件下可以成立的一般性命题。

比如研究中国特有的社会组织形态，势必在一般的组织研究中增添新知识，所以它并非与一般的组织研究无关，并非可以独立于其他的组织研究之外，相反，它必须使用一般组织研究的系统知识作为参照。这些系统知识，由来自世界各地的知识组成，是所有学者的工作和贡献，尽管它们不一定来自中国，可能看起来暂时与我们无关，但当我们成为研究者队伍的一员，当我们带着中国的经验到来时，我们就和他们一道，进入了构造系统知识的大厦。在这个意义上，我们的研究虽然针对特定领域和时空，是相对局部的经验，但如果问题关切具有一般性，分析逻辑也具有一般性，即具备学术共同体认同的、经由学术共同体（包括我们）多年积累的知识标准，就能将我们的地方性知识汇入一般系统知识，成为积累性成果。

所以，案例研究并非仅仅关心知识的独特性，它还关心一般知识的积累，以及特定知识与一般知识的关系。定性（案例）研究的基本思想来自这样一个理念：存在一种有特点的社会事件或现象，可以用对照或比较的方法进行研究。比如针对"革命"这种一般的社会现象，可以对照法国、俄罗斯和中国发生的特定革命进行研究。还比如针对中国的"关系"现象，可以在前人有关社会关系结构的系统知识中，找出可对照的命题——不同种类的关系结构——再对照这些命题开展自身的研究，才能发现其不同于对照命题的"特殊性"，从而丰富有关人类社会关系结构的系统知识。

一些研究者对此有疑问。他们认为，如果可以基于一般性命题对照独特性研究，那么我们的认识目标，就成了提供知识体系可接受的命题，而非事实本身。这种疑问假

— 114 —

设独特性就是案例分析的全部目的，而事实上，所谓独特性知识，是相对于其他知识的独特，否则"独特"就很难成立。正是由于这种相对的关系，高标准的案例分析者从不会忘记，需要对独特性"之所以独特"——即它和一般性知识的关系——做出说明：

> 由于现象不同，实证研究的结果不一定适用于社会全体。例如，在A社会或者B社会成立的命题，往往在C社会不一定适用……可以将其作为特殊性看待。此无可厚非，但若根据社会科学实证研究的法则，还必须说明为什么会产生这一特殊性，甚至必须提出解释性假设加以验证。理论假设的产生必须和它产生作用的诸种条件联系起来，例如，对这一理论命题为何在C社会无法成立做出一般性说明。若是如此，则独特性研究有助于理论的形成，而且研究结果超越了独特社会领域，具有一般性意义。（这样）具有一般性意义的社会科学产品，方能进入知识积累的大厦，从而被学者认真对待。[1]

高标准的案例分析，实际上包含着向"一般性知识"前进的追求。在研究者手中，案例被看成代表现实世界的一种事实，因为它隐含着说明一般性知识的可能性，所以

---

[1] 富永健一：《日本产业社会的运转机制》，转引自松村歧夫、伊藤光利、过中丰：《日本政府与政治》，吴明上译，五南图书出版股份有限公司，2005年，第43页。

具有分析价值。在研究者的处理中，案例是能够说明这些知识的经验材料例举，虽然看上去它仅特指具体的社会现象，但这些"具体现象"是有代表性或典型性意义的材料，研究者从中发现的，是符合某种条件的一般性特点：这些特点具有非个人化的、行为性的、规则性的特征，可以和其他社会事实的特点进行知识对照。透过案例，研究者要发掘的不是一个具体的行为、活动和事件，而是隐藏在背后的、具有一般意义的公共行为范型，它要说明的，是一般的影响力在特别情景下的作用及后果，并非仅针对一些个别事件的描述。力求从具体问题走向它的上位问题，使得一些来自具体场景的问题具有系统的意义，才会体现特殊性知识的价值。

这要求案例分析者具有专业性的提问意识，主动将特殊性事实和一般性知识联系起来：针对案例事实（特殊性经验）和已有解释（一般性命题）的困惑提出问题，这是一项案例分析的基本能力：提问不应仅仅满足于有何特殊性，而是必须指向为何形成特殊性，这些特殊性与一般性的关系，它们具有何种性质和产生条件，等等。在这里，让案例分析有力量的，实际上不是特殊事实本身，而是特殊事实和一般知识的关联，特别是特殊事实对于一般知识进行证明、证伪、补充、修正或者推进的价值。

比如，魏昂德的红卫兵派系案例研究①，他提出的经验问题是红卫兵组织为什么会分派，某些年轻人为何加入某一派组织。这是发生于中国特有的历史现象。他的答案表面上也很简单：因为"文革"的特点使然。但这一案例更重要的价值在于提供了一般性知识，分析者希望通过这一问题解答的，是一个具有普遍意义的政治社会学理论问题：在特定的条件下，人们如何对加入政治组织做出选择？为什么人们会进入不同派系的组织？他们的加入是如何决定的？环境的特点（比如不确定性）如何影响了他们的组织选择？这些问题虽然由分析中国案例得出答案，但它们并不特指中国，而是在世界各地的不同社会都有发生，所以属于一般的社会政治现象：政治组织的分派，在不同的社会条件下，可能产生不同的选择动因。在这一研究问题下，魏昂德对案例材料的组织工作，就不仅是记录故事史料，而是要以一个典型案例为证据，寻找那些尚未知晓的一般性知识：能够对人们的组织选择行为发生影响的特定条件。显然，这样的提问，提升了中国案例的特有价值：使其可能为一般性知识的探索提供历史事实证据。

---

① A. Walder, "Ambiguity and Choice in Political Movements: The Origins of Beijing Red Guard Factionalism", *AJS*, 2006,112(3):710 - 750.

目标问题的选择

明确的研究需要通过清晰的目标问题呈现，因此，如何提问，对于社会科学的案例分析是关键性的。提问使案例分析走向它的目标。好比建造大厦，问题就像设计图纸，具有指引方向和构架的作用，它使案例解答走向产出知识，而不是其他目标。提问还有助于案例资料的组织化——它们往往是沿着特定的目标问题得到组织，并获得证明的含义，目标问题可以使看似散乱的事实具有解答方向，成为知识产出的证据。

定量研究通常有明确的目标问题，值得案例分析者学习。他们非常重视组织材料的方向和取值，力图通过统计分析再现量值的共变关系，这对于描述一些基本状况，具有难以取代的价值。但数值的意义和特定环境有关，它在不同的条件下往往具有不同含义，而统计分析一般都假定，变量的性质、类别和数值在所有案例中的意义大致类似，可事实有时不完全是这样。比如，不同社会的政治信任值（political trust）含义可能完全不同，但定量研究一般不允许随时改变系统变量的含义，这样会导致整体的数值比较缺少共同的基准。而定性的案例分析则可以通过目标问题的转换，发挥互补作用。比如，当统计分析发现，中国二胎出生率的上升值大大落后于一胎出生率的下降值时①，案例分析就可能发展新的目标问题：既然统计数据表明，是生育行为的变化——而非生育政策的变化——对中国整体生育率的影响更强，那么我们就应当解答，是什么特有的因素推动了中国生育行为的变化，这有助于进一步评估甚至预测二胎政策的未来效用。

这里，新目标问题的提出对于案例研究甚为关键：因为案例叙述法通常"只在变量对于因果顺序具有重大意义、产生了我们希望阐述的结果时，才对其加以关注。毫无疑问，这种关注具有选择性……（当）事件在形成其他事件并累计连锁改变了社会现状时，方具有显著意义"②。如果要辨认意义不同的社会特征，往往必须以特有的目标问题才能挑明，顺着特定的问题把研究引向纵深发展，常常可以发现一般数据容易忽略的情况。

这使案例分析呈现出一定优势：回答探索性的研究问题（寻找与理论有关的潜在关联）；通过详尽的过程了解，生发和培育新的假设性解释关系；凸显在特定条件下的因果机制及其连环作用；处理多因果生成现象。③ 而定量研究的优势，在于运用系统化数据进行测试和验证，两者能

---

① 郭志刚：《中国生育率下降的特征》，北京大学社会学系午间报告会 PPT，未发表文献，2017 年 10 月。

② 理查德·拉赫曼：《历史社会学概论》，第 12 页。

③ Alexander L. George, Andrew Bennett, *Case Studies and Theory Development in the Social Sciences*, MIT Press, 2005:19.

够取长补短。一个成功的例子是蔡晓莉的工作，她在研究的不同阶段，根据不同的目标问题，采取了不同的方法。在研究的早期阶段，她的目的是寻找影响基层公共品提供的因素，这是一个探索性目标，她使用了实地调研和案例分析方法。下一个阶段，当她寻找到"非正式的社会联结"要素，并试图将其与"乡村公共品提供的水平"建立假设性解释关系后，她的目标问题转换成测试并验证这一关系是否显著、是否广泛存在。根据新的目标问题，她后续使用了定量统计分析法，对全国几百个村庄的个案数据进行了收集测试。[1] 结果证实了她在定性研究阶段的探索假设。

部分研究者有这样的顾虑：如果使用目标问题引导研究走向一个探索方向，这是否过于简单，从而限制了对社会生活丰富性的揭示？的确，在多数情况下，我们面对的社会生活比研究工作要复杂，在社会科学的因果分析中，"原因"很少是单一的要素，但一篇研究通常只能解决一个中心问题，追求丰富性很容易使案例分析变得求大求全，从而失去对关键性影响要素的聚焦挖掘。正因为案例分析在问题设置上有较大自由度，所以研究者的自我约束非常重要：将研究限于特定的目标问题上，而不是天马行

---

[1] 蔡晓莉、刘丽：《中国乡村公共品的提供：连带团体的作用》，《经济社会体制比较》2006 年第 2 期，第 112 页。

空，自由驰骋。采用目标问题，既可以帮助深度挖掘某些复杂原因，又可以避免其他"丰富性"的过度干扰。对过度追求丰富性的做法，有学者的批评可谓犀利："通过提出新维度、层次和方面，来使现存理论更加复杂，更加丰富，但是对于这些新元素与原有理论的关系缺乏说明，（这种）研究手段……不过是一个权宜之计，只有那些想不出有说服力答案的人，才会这样处理他们的研究问题。提出有极强说服力的观点是困难的，因此化简为繁，总是比化繁为简更容易。"①

全面揭示丰富性不是案例研究的全部目的，也是其力所难及的任务。这首先是因为事件性质的变化很难确证（identify），案例研究往往只能掌握事实上发生的情况，但对于没有发生的情况难以取证，更无法对"看不见的"多种动机作出揣测。比如，我们发现，村庄里多人都在离婚，原因是拆迁政策以户为单位获得新房的资格，一个家庭算一户，离了婚就可以分成两户计算，于是一家人就有资格申请两套房子，案例研究可以发现这类离婚高发的"因"，但是对于那些面对这种情况仍不选择离婚的家庭，又如何解释？换句话说，知道了大量离婚事件为何发生，但对类似条件下未发生离婚的现象，

① Kieran Healy, "Fuck Nuance", *Sociological Theory*, 2017,35(2):118‐127，中文版参见：《社会学别再只研究细枝末节了!》，魏来译，载于"社会学理论大缸"公众号，2020年1月1日。

— 121 —

我们知道些什么？这一基本限定的约束，使得任何一项案例研究都无法包含全部丰富性，它只能对一个中心问题进行解答。

丰富性一部分源于生活本身，另一部分是研究者的"丰富"知识所致。在定性研究中，对因果要素进行不同组合是常见的，怎么组合基本上取决于研究者的构成定义。一个从事定性分析的人，一般更关注要素数值的综合考量，而不仅仅是变量的数量或显示的数值。综合考量方能抓准事件背后深藏的含义，它们往往比表面显示的东西更具分析价值。因此，"什么是一个案例能够说明的东西"极其重要，即使面对的材料一样，不同的研究者仍可能结论相异，因为答案取决于研究者想从案例中获得什么，提出的目标问题是什么。这些问题往往起于对理论的敏感，来自对原理命题与案例事实有异的困惑，而非仅仅来自材料本身。所以材料的丰富性，并不是对抗某理论命题的最佳理由。

目标问题使案例分析者的主导性更强，而如何提出问题常受到学者方法论的影响。遵从现实主义方法论的研究者，通常相信案例（或变量）的客观存在，十分重视描述经验现象，而采取规范主义方法论的研究者，认为案例和理论构造有关，它服务于研究者的兴趣。所以什么是案例研究者想要说明的主题，与他们的方法论密切相关。方法论上有分歧的学者如果进入同一案例，他们的目标问题也会有不同。有学者做出这样的总结：

看待案例的几种方法论视角[①]

案例性质分类	特别的	一般的
经验性的	案例是发现的 （Harper）	案例是客观的 （Vaughan）
理论性的	案例是制造的 （Wieviorka）	案例是协定的 （Platt）

但在实际研究中，无论秉承哪种方法论，对案例的选择都不会忽略两个目标：该案例是否有关新的经验现象或理论解释？是否可能对此案例进行一般化或特别化的理解？这些问题，实际上既关注客观事实（经验问题），也重视它和理论的关联（理论问题），所以案例既可以是特别的，也可以是一般的，既可以是经验性的，也可以是理论性的。这几个方面既然无法分开，就需要打破常规，超越定性或定量、经验或理论的绝对差异。运用目标问题，可以将不同的视角凸显出来，让案例研究服从于研究者的特定目的。而它们之间的差异和价值，可以通过知识辩论来解决，作为知识生产的竞争市场，辩论是知识演进和传播不可或缺的基本条件。

---

① 参见 Charles C. Ragin, Howard Saul Becker eds. , *What Is a Case: Exploring the Foundations of Social Inquiry*, Cambridge University Press, 1992。

因果机制探索

社会科学的定量和定性方法都重视相关关系的发现，但案例研究的不可替代性，在于它可以完整展示因果联系的过程，一些研究者称之为"因果过程观察法"[①]。对于案例研究者而言，他们所关心的问题，不仅是自变量与因变量、某种发现要素与被解释要素是否相关，还有两者通过什么样的特定机制发生关联。在多数情况下，普通相关要多于因果关联，这就需要研究者有能力，把重要的因果关系从普通的相关关系中摘取出来，通过鉴别因果关系的联动机制，来提升论证的可靠性。比如，对于不平等和社会不满之间的关系，研究者想要了解的不仅是不平等会否产生社会不满，还希望揭示这种影响一般通过什么特定的机制发挥作用。

因果机制的探寻基于这样一种思想：因果关系不只是一种形式上线性稳定的关联，更是一种动态力量。这样的认识实际上预示着有一个预先明确的对象（实体）在运动，其发出的力量影响后续事务的发展方向，它们的连环

---

① 斯蒂芬·哈格德、罗伯特·考夫曼：《不平等与政权更迭——民主转型与民主制的稳定》，李新廷，等编译，载于《甘肃行政学院学报》2013 年第 3 期，第 70—81 页。

作用使得某种结果出现。[1] 在社会现象中，所谓"预先明确的对象"往往是有观念、知识、策略和利益的组织或者人，它们对于变动情境的判断影响着行动，其中的不确定性，完全可能导致已经揭示的因果组合和常规序列发生改变。因此，案例研究者需要通过具体的过程，识别影响发生的具体过程，再把其中的一般要素联动关系提炼出来。比如梯利等学者发现，由零散的个体事件发展为群体性的暴力活动，需要经过一系列的中层机制——连接贯通（brokerage）、广为扩散（diffusion）、协同行动（coordination action）、社会采用（social appropriation）、边界激活（boundary activation）、证实确认（certification）、认同转换（identity shift）——才能实现。[2]

这里的要素影响彼此连接，是研究者推论因果链条的微观基础，它们显然是在一系列具体过程中环环相扣生成的，而不一定是原先就已完备存在的。虽然它们来自具体，却具有一般的机制性质，因为在多数暴力活动由个体向群体行为的转变中，都可以观察到这些机制的作用。机制分析有助于把这种联动的生发性揭示出来。虽然"机制"需要根据特定的案例（证据）归纳而出，但作为因果

---

[1] Daniel Hirschman, Isaac Ariail Reed, "Formation Stories and Causality in Sociology", *Sociological Theory*, 2014, 32(4):259－282.

[2] Doug McAdam, Sidney Tarrow, Charles Tilly, *Dynamics of Contention*, Cambridge University Press, 2001.

影响，分析者需要具有"全局整体"观念①，力求使"机制"的发现作为一种知识（而不是揭秘故事情节），不仅可以解释当前的分析案例，也可以用来解释甚至预测其他类似的现象。在这个意义上，机制分析也是一项重要的因果推论研究，如果一个"因果机制"只适用于一个案例，无法被其他经验证据检验、证明或证伪，它的解释力度就会相当有限，其总结的"机制"也会缺乏一般性应用价值。

如果希望提升解释力度，让一个案例资料变成有价值的社会科学研究，最重要的工作，是在案例发现和一般知识之间建立联系，阐明特殊知识和一般知识的关系。一般情况下，单个案例不会自动地指向一般性因果，需要通过社会科学分析建立关联。这要求社会科学分析基于良好的哲学基础，具备在特殊知识和一般知识之间进行准确区分和正确联系的能力。对此能力的建设常听到消极看法，一些学者认为，对知识的一般化提升是个体悟性所为，无法通过广泛的训练来掌握，因此不得不放弃总结"方法"。但近期看到有学者建议，从现象的"变异"（variation）入手，将观察到的变异置入已知的各种关系中——比如逻辑上相似的情境、各种变化的过程、不同时间中的意义、不同情境下的反应，等等——进行系统比较，即把一些看似

① 加里·金、罗伯特·基欧汉、悉尼·维巴：《社会科学中的研究设计》，陈硕译，格致出版社，2014年，第96页。

不相关情境下的表现或变异连接起来并探索，将它们作为证据，分析在这种情况下出现的结果与其他情况下出现的结果有何种程度相似，以确定此案例结果是否可能得到其他情况的证明。总之，重视案例发现的系统参照及可比性，有利于提高特定案例机制结论的解释力度，使之趋近一般性知识的水平。[①] 或许这一点可以总结为：扩展参照系分析、注意不同环境下的变异比较，对于机制挖掘很重要。具体机制并不是阻挡一般性知识的借口，相反，它是通向一般性知识的桥梁。

因果过程观察便于使用案例研究予以呈现，但这不是对其他方法的替代，而是对其他方法的补充。比如一个定量模型可以展示不平等变量对抗议行为的影响值，而每一种结构变量的影响，在经历不同种类的案例比较之后，都能发现不小的差异：一些影响是已知因果机制作用的结果，有些则不是。那么，发现这些新的因果机制，知识性价值巨大。在这种情况下，对数值的平均处理会掩盖要素影响的异质性，进而无法理解，是什么样的情况，使得常规要素变得非常重要，或者变得没有意义。

一个例子是人类学者塔斯的研究。它聚焦印度德里两个教派的激烈冲突：锡克教和印度教的对抗事件。在一次

---

① Iddo Tavory, Stefan Timmermans, "A Pragmatist Approach to Causality in Ethnography", *American Journal of Sociology*, 2013,119(3):682 - 714.

大冲突中，锡克教的首领被印度教徒杀死。大部分已知的研究结论认为，这是一场典型的种族和教派冲突，在印度宗教之争中常见，没什么新的知识值得挖掘。但塔斯在当地做了长时间的田野调查和大量深入的访谈后，在参照案例中发现了问题：在相邻的另一个地区也有相似的两个教派，却相安无事，从未发生大的冲突。如果这两个教派本身就不能相容，怎么解释这一情况？这说明当地的宗教冲突尚有深藏的生发机制没有被揭示。经过详细的历史搜索和案例对比分析，她发现，事件背后真正的原因，不是不同的宗教教派存在，而是持续多年的地方控制权争夺。历史上，这里存在长期的地区控制权冲突，地方教派的精英几乎都卷入其中。围绕这一竞争，存在着两个对立的势力集团，使权力竞争通过教派冲突体现出来：各派都利用宗教组织的内聚力和动员力争夺控制权。信印度教的人利用教派之间的冲突，把竞争对手的领袖除掉，以便减少地区控制权的威胁。所以，这里发生的教派冲突，并非教义对立之宗教文化现象，本质上是一种政治现象，是地方控制权的竞争，利用了宗教团体这种组织化形式，动员力量导致的教派冲突事件。[1]

这一发现，使得塔斯对因果链条的描述不是重复已知

---

[1] Veena Das, "Communities as Political Actors: the Question of Cultural Rights", in Veena Das, *Critical Events: Anthropological Perspective on Contemporary India*, Oxford University Press, 1995:84 - 117.

的知识，而是探索真实的冲突发生机制。通过搜集更广范围的历史资料，了解当地宗教关系，塔斯发现了在杀伤发生之前的三四十年中，该地方历史上的权力结构和竞争态势。塔斯描述了它们怎么发生、在哪些人群之间发生、人们怎样动员力量、该地区的社会组织化形态，等等。良好的机制分析能力使其层层深入，不断开拓新资料，提供证据支持，进而揭示了不同于以往研究的因果机制进程。显然，机制探索要求对事实的叙述，服务于对关键时序动因的挖掘。

"机制"分析强调时序性及事件的历史关联，其因果解释是对结构性思维的重要补充。在主流社会科学研究中，"结构"关系被直接或间接地视为给定的影响要素或不变的逻辑。问题在于，因果规律（会）随时间的流逝，发生突变或者转型，"它们也有自己的历史"①。比如前述的魏昂德的红卫兵案例研究，发现阶级出身这一结构关系，没有对政治派系行为构成重大影响，他转而从历史事件中寻找到历时的影响力量，指出它们能够使已知给定的影响发生变异。

这就是展示因果过程的重要性所在，我们不能假设，不同的制度/组织/社会关系结构背景下的个人，都服从相

---

① 小威廉·H.休厄尔，《历史的逻辑：社会理论与社会转型》，上海人民出版社，2013年，第13页。

同的行为法则，因而具体而深入的机制分析能够提升因果推断的准确度。重视作为主体的环境对于行为"变异"的影响，至关重要，即使案例研究不一定总能做出重大理论发现，但在影响要素的因果机制上有其分析优势。

结　语

针对社会科学案例分析存在的若干问题，本文希望有六项阐明：其一，案例分析的目标不是讲故事，而是产出知识，因此需要遵循认识活动共享的一般逻辑和原则；其二，案例分析可以提供的知识类型不止一种，比如解释（原因）性知识、理解（特征）性知识，或者规范（原则）性知识；其三，案例分析作为定性研究，和定量研究不是对立关系，而是互补性关系；其四，案例的独特性有必要和一般性知识建立关联，从而使得具体案例可以和已有的知识发生对照；其五，案例研究的一个优势，是系统展现因果机制和过程；其六，零散多样的独立案例相互能够发生意义，原因在于它们产出的知识在相关知识体系中具有累进性位置。

以上所有讨论都在力求说明这一点：案例研究的目标仅在讲述故事——了解在给定的环境下到底发生了什么——是不够的，"如果不将其中的系统性特征区分出来，历史的教训就会荡然无存。（这样）对研究对象中哪些方面会持续下去，哪些方面对未来事件和研究有启发意义，我们将一无所知"①。是什么使案例研究相互联系，而不是支离破碎、各自孤立？不是案例故事本身，而是案例揭示的知识——这些知识的系统性及相关性特征——使案例分析之间具备关联、对照和支持关系，它们可以通过相互证明（证伪）或比较，将结论置入相关的知识系统。比如，上述人类学者塔斯研究的印度教派案例，提供了这样的知识：控制权竞争可能运用教派作为组织化手段，从而使宗教问题凸显政治特征。这一知识不仅有关人类文化活动与政治活动的联系，还揭示了政治组织化行为的多样类型，和其他的社会组织化现象产生了可比性。

由于案例研究可以提供多种知识、可以展示多种特定的因果机制，它给研究者的施展空间很广阔。但自由度增加，意味着对研究者提出了更高要求。在更高水平的案例研究里，理论是一项已知或未知的知识陈述，方法是证明知识的逻辑，而案例材料是支持的证据。定性和定量研究中都存在高水平（或低水平）之作，这种水平问题，不是因为使用了定性或者定量材料，而是基本的目的有异——它们的目标问题可能就不在知识的发现和推进上。这样，即使有不错的材料，证明的水平也会有限，因为这些材料

① 加里·金、罗伯特·基欧汉、悉尼·维巴：《社会科学中的研究设计》，第59—60页。

— 131 —

无法得到有一般意义（理论）、有特定逻辑（方法）的组织化。

因而，关注知识者必然关注理论，即使是以"经验研究"著称的案例分析也不例外。理论知识对于案例目标问题之影响，在于对案例提出什么"有价值的"问题。逻辑的作用则是提供系统性、关联性及合理性推论的程式，只有关注理论及逻辑间系统的关系，大量案例研究的成果才会互相支撑、修订和批评，形成有益积累，使结论具有互补的意义。案例研究当然也可以被证伪，但证伪并非没有贡献，因为人类从错误中获得的知识，往往不比从正确中学到的更少。

新型现代化国家的特征[*]

如果从政治社会学视角出发，我会怎样回答这个问题：新型现代化国家——既经验可证又具理论形态——的特征是什么？这里的"经验可证"，指具有事实上可见的证据，区别于仅仅使用理想框架；这里的"理论形态"，指应有可共享的一般性意义，区别于仅仅呈现特殊经验。

一

"新型"和"现代"这个定语的关键点，在于它包含历史演进性，所以不能忽略比较性回答：不同国家往往有其特定的历史起源，但怎样的演进方是新型，而不是旧型？以及，不同国家往往面对的主要问题有异，但怎样的

＊ 本文最初为在吉林大学周光辉教授主持的"中国式现代化的政治学阐释"研讨会上所作要点报告，后应《吉林大学社会科学学报》约稿，首刊于 2023 年第 5 期，收入本书时又经全文修订。

回应才是现代的，而非传统的？这样一种讨论绕不开新与旧、现代与传统的区分。回避这种区分，就无法观测到演进中的质变现象。我同意这一判断：作为人类历史发展的一项质变演进，现代性不只是历史发展的新阶段（有时间含义），其中还蕴含着普遍性的经验及道理，在这个意义上，现代性转化是文化中立的（cultural-neutral）。因而，如果仅仅从单一国家的历史总结现代特征，不观照全球都发生的现代性转向问题，我们的定义就不可能具有一般合理性。如果无法确定在各种特殊性中，哪些部分在不同历史文化的国家普遍起作用，最终的"特征"很难是一个事实定义，会在一种意识形态下成立，在另一种意识形态下就不能成立。

社会学观测到的演进质变是什么？20世纪中叶的"现代化理论"提供了初步描述：新型现代化国家是工业化国家，而非农业国家；它是城市国家，而非村社国家；它是有统一语言、度量衡、货币、邮政并由次级组织构成的国家，而非基于血缘或地缘形成的松散社会；它出现了现代社会观念（比如绩效追求、商业伦理），以及现代政治制度（比如代表制、程序规则），而非受制于不可跨越的身份或等级限定。应该说，这些演进特征大致说明了各国向现代的发展方向，具有相当的普遍性，不过在今天看来，它们显得过于初步了。在我们对国家发展所知不多时，上述目标设定或许有些意义，但是在当代，它们作为衡量新型和现代的标准价值已经十分有限。如同一个已经具备奔跑能力的人，不可能总是满足于用直立行走设定自我特征。我们显然需要更高的演进标准。

不同于上述分类性描述，社会学的结构论者提出了更整体的区分标准。他们认为，现代与传统、新与旧的根本差别，在于国家内部社会分化与整合的程度：不同组织的角色是否专门化，并在异质状态下形成协调秩序。这个宏观视角影响了政治社会学，比如艾森斯塔德把国家现代化定义为高度的结构分化、社会流动以及规模更大的、统一的、集中化的制度建立的过程。[①] 可以看到，这个标准强调系统整合，而且是中立于单一意识形态或制度分类的，它不同于政治学——从政治权力分化（分权）和政治参与扩大（选举）——定义的现代国家，因为后者过度依赖某些国家的局部经验。

二

面对这个问题，政治社会学和政治学的视角区别，可以从以下几个方面得到观察。

第一，权力分布方面，在世界各地，集权体制可以在

_____

① S. N. 艾森斯塔德：《现代化：抗拒与变迁》，张旅平，等译，中国人民大学出版社，1988 年。

现代国家中被发现，分权体制也可以在传统国家中被发现。很多国家实际上很难定类，因为它们在某些领域是集权的，某些领域又是分权的，更有在两者间回摆的变动。所以集权和分权更像是一个国家的执政者集团根据所要解决的中心问题作出的战略抉择，很难证明成一个普遍存在的客观演进。比如关于大一统特征，它到底是一个攸关控制及政体生存的主观政治选择，还是一个持续的客观演进事实？几乎所有的研究都很难区分这一点。

第二，历史演进方面，虽然国家有不同的形成方式，发展存在路径依赖，但国家从哪里来并不等同于向哪里去。换句话说，历史也许有助于理解它如何走向未来（方法/途径），但很难完全决定它未来的样子（形态/性质）。因为不可控的变化经常出现，很多变化的发生并非早先历史的当然结果，而是它面临的挑战性环境使然。环境常常导致历史发生转折、质变或者倒退性变迁，而不是沿着原先的轨道继续。为此，"我们需要区分哪些是过去的遗迹，哪些是定义未来世界的元素"①。

在这些变迁中，发现哪些是共性并影响未来是研究者的任务。社会学者注意到，在不同国家的发展历程中，都出现了某些趋同现象，他们提出了这样的研究问题：本有

---

① 里查德·伯克：《黑格尔与法国大革命》，2023 年 5 月 10 日，https：//www. sohu. com/a/674322428 _ 121123711。

不同的起源，但为何各国都出现了相似的组织同构？如果说，这仅仅是一种模仿，但为何这个模仿有方向趋同（而不是反向）？这是一个重要的客观事实问题。这里边显然存在逻辑，研究者需要对——在某些地方尚未发生，但根据逻辑必定会发生的现象，以及，在有些地方已经发生，但随着国家演进将逐渐消失的现象——作出甄别，辨别哪些方面是自我选择，具有暂时性，哪些方面是普遍自然、合乎逻辑的演进。

第三，国家的特征是否仅仅可从政府组织得到观察？对政治社会学而言，"新型现代国家"讨论的是，中国作为一个国家的整体特征，而不仅仅是政府组织的特征。政府作为治理组织当然很重要，但它仅是国家中的一种组织，以部分看整体往往会偏离事实，因为社会中每种成分的目标不同，国家出现的特征是这些目标相互协调的结果，很难是其中一个组织的意愿。比如学界的大一统叙述，强调统领疆域、多元一体、向心而围等"国家"特征，几乎都是在谈论政府组织的权力所及和管理疆域，特别是对主权所属的象征性承认，而不是国家内部的各个成分实际发生的一体性（相互依存度）——它在多大程度上关联成为一个事实整体（be united as a whole actually）。以政治社会学的整合标准，事实整体的表现应该是规则一体，而文化象征的一统无法替代这种事实整体，甚至用其说明意识形态一统也是困难的。从社会对电视连续剧《狂飙》的反响，就可以看出，在行为规则和公正信念方面，社会成员与国家组织存在明显的不一致。这是在信仰原则上，社会各部分并非在"规则意义"上呈现为"一个整体"的表现。

三

上述并非整体的现象有史例支持。1861年英法联军攻占北京，联军的大部分运输任务，由他们招募的中国劳工承担。劳工用推车或者摇船作为工具，帮助运送士兵行李和军用物资。历史照片记录了当时的情景，有几张照片，在外国士兵的指挥下，中国劳工架设梯子以备联军登城，很多百姓在旁观，但无人上前阻止。故有学者提出这样的问题：外来者进攻京城，为何这些人没有意识到劳工在帮助他人进攻自己的国家？当他们这样做的时候，内心为何没有民族主义障碍？[①]

民族主义是一种国家与己相连的意识，如果具有这种意识，劳工和民众应该视朝廷和自己攸关，它们虽然互不认识，也不是亲属朋友，但同属一个相互交织的权利及责任整体。既然是整体，打击它就是打击我。但是我们在照片上看到的行为不具这种整体表现，他们之间共享的规则

---

① 弗兰克·古德诺：《解析中国》，蔡向阳、李茂增译，国际文化出版公司，1998年，第88页。

及利益攸关性很弱：劳工虽然视朝廷为权力中心，但两者在多大程度上依赖一致的制度在生存？国家组织和民众生活之间是否存在实际的互赖关系？整体意识的缺失是对背后这些事实的反映。对比国人一向对家族和村庄的英勇保卫行为，就会更清楚，社会各部分的相互责任感，来自它们真实存在的实际关联。而大一统关心的统治疆界问题，充其量是一种象征正统的意识形态或文化想象，它并不能说明真正的（互为依赖意义上的）整体性事实上存在。上述例子显示的民众责任缺失行为就是证明。

民众如此，政治精英如何？1904 年，陈独秀在《说国家》一文中写道，鸦片战争令他认识到国家和自己存在一种关系：

> 世界上的人，原来是分作一国一国的……我们中国，也是世界万国中之一国，我是中国之一人。一国的盛衰荣辱，全国的人都是一样消受，我一个人如何能逃脱得出呢……我生长到二十多岁，才知道有个国家，才知道国家乃是全国人的大家，才知道人人都应当尽力于这个大家的大义。我从前只知道，一身快乐，一家荣耀，国家大事，与我无干……①

这一自述和前引研究者对劳工的困惑一样：人们对国

---

① 陈独秀：《说国家》，载于任建树主编：《陈独秀著作选编》（第一卷），上海人民出版社，2008 年，第 44 页。

家和自己的关联缺少意识，没有产生相互的依赖与责任，但这似乎并不妨碍历史文献对大一统特征的表达。此两例提出的共同问题是：无论是精英还是民众，都知道自己生活在中国，和"国家"具有文化历史联系，他们不缺乏文化共同体意识，但是这个"国家"和他们的实际生活有什么现实关联呢？两者在何种意义上被对方需要？无论大一统的观念叙述多么悠久，这两个例子都很难让人相信，历史上的中国是一个社会各成分在权利、义务、责任上互联、共享一种制度体系的一体化国家。

四

如果国民生活在同一片疆土上，但分别处于不同的规则体系中，就不能算真正统合为一个整体。而缺少一体化显然不是新型，更不是现代。全世界很多地方的早期形态都是如此。可以说，几乎世界上所有的国家，在历史上都曾经没有整体秩序可言。但是，尽管经历大量的冲突甚至战争，它们基本都是从差异巨大的地区社会结构中逐渐整合而来，不同程度地走向规模更大的、统一的、集中化的建制；作为制度的建设者，国家的角色也从统治和营利转变为服务和规治，通过形成横向及纵向合作的一体化[1]，

---

[1] A. 恰亚诺夫：《农民经济组织》，萧正洪译，中央编译出版社，1996 年。

把所有的小生产单位和统一市场连接起来；形成永久性的、超脱于个人之上的机构和制度（比如法治），其作为最终裁决的权威，被社会普遍接受和同意。① 在多数国家，这是一个基本的演进趋向。

也许有人认为，这些我们已经做到了。但观察现实就不难发现，即使在文字宣称上如此，可实际上却不然。通过现代化建设，我们确实在一体化方面有了长足进步，但仍存在不少反面证据。比如，我们的社会公正观（civic justice）与法律公正观（legal justice）常常不一致，受到社会广泛承认的交友互惠、回报恩情，却常常是公务人员频现腐败的"借口"；外嫁女向集体要求分红的冲突频现，解决的依据——村民组织法与婚姻法——各执一词，凸显不同的法律之间存在界定的矛盾；信息独享的垄断现象普遍，即使在公务各部门之间，维护部门利益，阻断信息流动和共享也是常态；社会中不言自明的多种控制权范围广泛存在，多中心权威混合共生是最真实的治理形态……②这些事实表明，我们距离规则的一体化尚有相当的距离，用政治社会学的语言表述，可以说，尚不能说是由一个权威体系（非个人化的法律）规范国家和社会运行，而是存在很多人格化的、变化的、分割的、不确定的

---

① 约瑟夫·R.斯特雷耶：《现代国家的起源》，华佳，等译，格致出版社，2011年。
② 张静：《行政包干的组织基础》，载于《社会》2014年第6期。

权威和规则，极大地妨碍着系统化整体的形成，还没有使所有成员真正纳入被统一对待的治理体系中。

这种现象并非中国特有。米格代尔在第三世界国家研究中发现，那里的国家能力受制于不同的地方控制权体系[1]，制度化的统一性尚未建立起来。如果观察世界各地就会发现，所有传统社会的共性是，它们分割式的聚合方式都很相像，盖尔纳用"农业文化政体"（the agro-literate polity）概括其特征：军事、政治和意识形态精英，包括教会、商业阶级，相互分层隔绝，但处于各种社会群体之上，拥有自己的文化和语言。下面是相对弱势、相互隔绝的农业生产者社群，他们不会也不能干涉上层文化和语言。地方秩序建立在亲缘关系衍射的私人关联基础上，社会公共规则之间的差距是巨大而明显的，许多人实际上没有一个属于整体的身份。[2]其基本表现是，一旦他们离开身边依赖的组织和人脉关系，他们的权益实现就很难获得制度化保证，他们的真正地位、责任和影响力就变得完全不同。这是世界上几乎所有传统社会的共同特征。

和历史相比，中国已经有不小的改进，状况远没有非

---

[1] 乔尔·S. 米格代尔：《强社会与弱国家》，张长东，等译，江苏人民出版社，2009年。

[2] 约翰·霍尔：《比较历史社会学：一种个人的观点》，载于赵鼎新主编：《什么是历史社会学：〈历史与变革〉第一辑》，中信出版集团，2023年，第43—44页。

洲那么严重，但类似的特征仍然存在，这也可以解释为何维护意识形态和文化政治的整体性，一直是中国治理的主题，因为它太需要不断用这种说明来"加固或维系"一体化。但如前所述，这和规则一体化尚不是一个东西，概括这种现象，可以说，社会的不同部分之间，还没有被同一的公共关系聚合为一体。人们处于各种不同的团体或个人规则体系中，违规所受的制裁界定也经常是来自团体或个人，而不是具有公共合理性的、遵循统一标准的第三方法律机构。

五

历史地看，在迄今为止的人类经验中，将国民聚合一体的纽带主要有两类：文化连接和政治连接。前者是自然发生的人类自组织系统，以家庭、家族、宗族、村社共同体，并以同一原则的逐渐扩大形态——种族、民族等特定具象关系组成联合体，根据个人和联合体的天然关系形成约束内聚；后者则是以国家、团体、个人的权利、义务配置等抽象定义关系组成联合体，根据对权益配置的同意形成内聚。两种内聚都创造共享和互赖关系达成社会成员的连接，但是连接的原理有重要差别：基于具象关系（个人关系）还是抽象关系（公共关系）规范行为，对于失范行为处之以"团体制裁"还是"公共制裁"。①

特定的具象关系是对象识别的，规则根据历史关系确定，不同的人有不同的标准，可以瞬息万变，因而是特殊主义的，对于违规通常由个人或团体实施制裁，基于个人或团体的习惯和利害认定其是否正义。而抽象关系是行为识别的，这就需要有不同行为的类别、标准之公认定义。规则由公共制度定义，标准相对统一，自然须以普遍的正当性为基础：不看对象是谁（超越于具体个人），而是援引非个人的普遍标准（因而谓之抽象）来判断行为对错并实施处理。特定的具象关系是自然的、历史的、有差异的、不可消除的；但基于普遍正当性原则确认的抽象关系，往往需要经由公共程序产生、可以废除或修改，同时需要公共组织给予确保并执行；不同的具象关系之间无法共享规则，而是通过利益和力量竞争获得规则制定（话语）权②；但公共的抽象关系是规则共享的，它对立于公共关系的私人化处理。这些区别虽然有些绕口，但对于辨别现代与否非常关键。

从长程变迁的角度可以发现，虽然轨迹相异，但不同国家都不约而同地走向相似的历史进程：不断从以具象关

---

① 团体制裁与公共制裁两个概念的区分，来自 Avner Greif, "Cultural Beliefs and the Organization of Society: A Historical and Theoretical Reflection on Collectivist and Individual Societies", *Journal of Political Economy*, 1994, 102：912 - 950。

② 张静：《二元整合秩序：一个财产纠纷案的分析》，载于《社会学研究》2005 年第 3 期。

系为标准的支配，转型为以抽象关系为标准的支配，由公共制裁不断取代个人或团体制裁，因而使得原先多样的经济、政治、社会关系被重构。这一进程，我称之为"私人关系的公共化转型"，可以看到，越是现代的国家，以公共关系作为标准的支配程度越高。

相对于过去，这是一种新型、现代演进，其典型的形态是规则系统化，或称一体化，具体表现为法治统一及市场整合。有研究表明，法治统一和市场整合的任何一个，都无法单独作用于现代化演进，只有将两者结合起来（共同作用）——在提供统一制度的同时，通过市场整合创造规模经济①，才能有效开启朝向现代的社会转型。显然，实现它们的条件依赖国家如何行为。世界上无论什么样的国家，都希望获得经济发展，无论它们有什么样的历史差异，都不愿意承认自己不是也不想成为法治国家。这种意愿说明了方向性模仿的由来，法治及富裕是普遍的追求，各国都希望通过制度文明的不断进展实现这一理想。

从经验可见着眼，我们能够在世界各地看到上述进展的表现：在经济方面，随着交易扩展和复杂性增加，"长久以来依赖于地方网络和个人信用的经济交易被逐渐重

① Martin Dohme, "Freedom of enterprise and economic development in the German industrial take-off", *European Economic Review*，转引自《德国工业腾飞的两翼：制度改革与市场整合》，2023，https：//it.sohu.com/a/665877427_121687421。

构，（经济活动）开始围绕抽象的、规范化的全新交易体系展开"①；在社会方面，大范围流动的超地方性，使得非个人规则对于陌生人社会越来越重要；在政治方面，随着社会异质性的增加，不同主体的合意与协商（及其制度发展），越来越成为广为接受的冲突解决形式。这些进展创造了一种系统化规范形式，并不仅仅是起草法律条文，而是将分散的经验和传统经过公共论证，依据公认的原则纳入正式的制度模式。

例如，18 至 19 世纪的英国早期社会，仍然依赖私人制度的声誉机制排斥欺诈者以维护秩序。但随着经济活动日益城市化和匿名化，私人声誉机制变得难以为继，合约的强制执行职能因此转到国家部门。②直到 19 世纪 80 年代，美国各地由地方分散制定的、不正规的矿区条例和传统，才被完全纳入正规法律统一的制度下。③ 有关中国的研究数据也已经证明，在 2014 年逐步消减地方政府对地方法院的财务和人事影响、建立行政诉讼异地办理制度后，外来企业的投资增加了，对外来企业的诉讼案件减少了。④这说

① 詹姆斯·弗农：《远方的陌生人：英国是如何成为现代国家的》，张祝馨译，商务印书馆，2017 年，第 29 页。
② 塔科·特尔普斯特拉：《古代地中海的贸易——私人秩序与政府机构》，董孝朋译，格致出版社，2022 年，第 17 页。
③ 斯温森：《美国采矿法的起源和发展》，转引自赫尔南多·德·索托：《资本的秘密》，于海生译，华夏出版社，2017 年，第 123 页。
④ Ernest Liu, Yi Lu, Wenwei Peng, Shaoda Wang, "Judicial Independence, Local Protectionism, and Economic Integration: Evidence from China"，清华大学青木昌彦经济学会议工作论文，2022 年 12 月。

明一体化的制度建设有利于资金流动和经济发展，因为地方行政的巨大影响，通常会导致法律处理的差异化（比如地方保护、对外来竞争的排斥），而一体化降低了发展的制度成本，所以整体上更具激励性和建设性。

这种现象，显然不仅是一种从差异规则到统一规则的主观选择，还是客观经济发展及社会流动带来的、更大范围组织化的不可避免性使然。在这样的相互适应性变迁中，国家部门逐渐演进为新型、现代的治理机构。

六

社会学有一个重要概念——异质同构（heterogonous structure），始终没有得到深入讨论。异质同构来自化学，指一堆不同的物体，组合成另一种新物体的化学过程。在分析社会现象时，想象原先的"物体"是分散于不同组织的人，他们具有不同的历史和文化，异质同构进程将他们整合到一起后，发生了质变——不是按照旧有的规则堆积到一块儿，而是发展出新的联系、规则和原则，对不同行为者的公共关系统一规范。可以说，当今几乎所有国家，都处于这一演进的不同阶段。所以我们可以在世界各地的历史中看到，团体身份认同的变化，社会成员的忠诚、归属、关联从家庭、家族、地方团体逐渐转向更大的公共组织①，分散的地区结构和规则逐渐走向一体化。

这个理论术语概括的演进现象在各地发生，但在中国却一直陌生，没有得到重视和理解。这恐怕不仅由于它是外来的，更重要的原因之一，我推测，也许是很多人对这个现象存在误解，认为一体化是一种集权化，所以不齿。我想澄清，结构一体化不是集权化。结构一体涉及社会关联程度，其对立面是分散和区隔，缺少组织化关联；而集权涉及权力分布的程度，其对立面是权力在功能上分解，分布在不同的组织。我们可以看到，很多传统国家的社会结构是分散的，除了私人关系，社会各部分互不关联，不存在公共关系，权力分散在不同的血亲氏族中，各有各的规则；而很多现代国家的结构却是集中的，只用同一种法律规范关键行为，存在公共关系，但权力分布在不同组织（立法、执法、政府）中，行政具有灵活性——能够不断改善体制的基础架构，实现低成本的法律调整，以适应商业社会不断变化的需求。② 我们可否说，前者是民主的，所以是现代国家，后者是结构一体的，所以不是现代国家？显然不能，因为这混淆了社会关联和权力分布两个现象。

---

① 约瑟夫·R. 斯特雷耶：《现代国家的起源》。
② 塔科·特尔普斯特拉：《古代地中海的贸易——私人秩序与政府机构》，第226—227页。

总之，我们通常习惯从单一国家的起源说明其差异特征，但从历史进展趋向未来着眼，其实更需要注意的是各国类似的特征：它们虽有不同的起源，却又存在共同的现代演进方向：形成整体，相互连接，规则共享。我认为这一点，虽然在主动性、推动力、明确性方面尚存在不足，但基本上，中国处在朝着这一方向的演进中。可以举出的表现是，中国正在推动统一的大市场，而且向外放开市场、积极融入世界整体结构，为此修改了不少地方性法规，在规则方面积极接近国际社会，提出人类共同体观念，等等。这些努力是在寻求一体化下的各自差异化最优，基本性质类似于上述的异质同构现象。

那么，这是否可以作为新型现代化国家的特征？我提出这个问题，求教于大家。

燕京社会学派因何独特？

——以费孝通《江村经济》为例 *

　　社会学界有一种流行看法，认为燕京社会学派的目标，在于探索中国独特的工业化道路，因而燕京社会学派的基本角色，是开启社会学的本土化。是否如此？我希望以费孝通先生的《江村经济》（被称为 30 年代燕京社会学派的代表作）来讨论这个问题。

是否为独特道路？

　　《江村经济》令人深思之处在于，费先生当时提出的问题，在今天讨论仍未结束。这个问题就是：农工混合的乡土经济形态何以在中国存在？《江村经济》试图证明，中国乡村的经济结构不是纯粹的农业土地经济，而是一种"农工混合的乡土经济"，即分散于农户的手工业和农业相

　　* 本文首次发表于《社会学研究》2017 年第 1 期，在此又经修订。

互配合的经济形态，其特点是，农户把丝织作为副业，可紧可松，随做随置，灵活利用农闲时间，由此补充了农业收入的不足。费先生观察到，如果不是这一补充增加了收入，单靠农业生产，农民无法维持最低的生活水准，更不可能养得起地主阶级，并支撑起 20 世纪 30 年代城市消费的繁荣。

有评论者在这里看出了"不同发展模式"，于是提出这样的问题：为什么中国乡土工业没有走西方的道路——它不是以更有效率的集中生产方式呈现，而是以分散的形式，存在于乡村农户？[①] 这样的提问比较典型，但它不是来自实践本身的深究缘由，而是来自道路差异——集中化的工业形态与分散化的农工混合形态——的模式预设，类似于现代与传统的对设，目标在于指出中国本土模式的特殊性，以说明西方式的工业化道路在中国乡土社会不能成立。

但这似乎并非《江村经济》的意思，而是读者基于模式建构意图施加的演绎。因为在《江村经济》中，费孝通特别指出，机械化丝织业出现的冲击，使得乡村原本发达的分散丝织业，处于不利的竞争地位，甚至被逐渐摧毁。如果工业化的集中生产在中国无法成立，为何 20 世纪 20

---

① 甘阳：《〈江村经济〉再认识》，2007，http://m.aisixiang.com/data/15357.html。

年代以来，江浙地区缫丝业纷纷实现机器生产？① 如果有规模的缫丝工业根本无法立脚，那么费孝通观察到的它对"乡村经济形态的巨大冲击"从何而来？

来自特殊模式预设的提问本身并没有错，问题在于使用这一预设的目标，在学术研究竞争，还是学术政治竞争。指出这两个"竞争"不是文字游戏，而是对研究目标的必要识别：一个关注事实知识，一个关注学术地位。在研究工作中，这两个目标常常容易混淆，但是它们有本质的区别。这一区别事关两个重要认识：第一，农工混合经济形态是一种独特的道路"模式"，还是历史条件限定下的一种生存经济形态？第二，燕京社会学派的真正角色，是提出这种"本土模式"的工业化发展道路，还是发现了世界工业化浪潮对中国的影响？

如果不是为了追求独特模式地位，而是基于事实提供认识，那么农工混合经济形态为中国乡村社会所"特有"（并且具有"道路"的意义），这个结论就不一定可靠。因为很多国家在其工业化进程中，都出现了混合经济形态，即使现在，不少已工业化国家和地区，仍然保留了部分混合经济形态。如果这一现象是不少国家和地区存在的事实，就无法令人信服地说明，它们是中国特有的"道路"

---

① 刘扶英、俞敏敏：《杭嘉湖地区近现代丝绸工业遗产的研究》，2015，http：// www. docin. com/p-1418152599. html。

模式。

混合经济形态为何存在？

不妨回到江村的具体案例中，通过观察当时的一些基础性要件，来看混合经济形态为何存在。在技术方面，比如电力，当时江村是否有充足的电力设备，可以支撑纺织机械的集中运转？比如交通，江村的交通方式和工具，是否可以支持大批量产品和纺织机械的运输？更重要的，是公共制度对生产活动的组织化，比如商业经纪体制，江村是否存在大量的经纪商，以满足生产方和需求方连接的需要？比如金融体系，江村农户是否可能通过信贷支撑来扩大生产规模？比如信用体系，当地是否存在信用的公共控制体系（区别于信用的私人控制体系），用以降低违约的风险？还比如土地买卖、人员流动、信息共享等制度，是否有利于集中工业的出现？

这些条件作为经济发展的环境，制约着经济形态，因为经济属于合作性活动，它本质上依赖人类的社会组织化进程，并随着组织关系的变迁而发展。费孝通看到了组织关系变迁问题，他在《江村经济》中指出，乡村工业的改造转化，不仅仅是一系列技术改进问题，还是一系列社会重组（social reorganization）过程。

社会重组相当于社会关系的再造。但如果系统重组的条件尚不具备，经济活动会主动寻找已有的、方便的形式，用当今经济学的语言说，就是交易成本最低的方式，协调形成相对适应的形态。比如，如果信息共享和信用控制的公共体系未建立，经济活动自然会借用传统社会关系的支持，因为在这种关系里，最方便得到信息、责任、合作和忠诚，以人际信用来降低卸责和欺诈的风险。作为一种非正式的组织关系，乡土社会的人际关系和正式的雇佣关系（比如合约制）作用类似，它们都能保障经济活动的顺利开展，降低合作风险。但私人的信用控制体系客观上会限定企业的规模，所以随着市场经济的复杂化发展，私人的信用控制体系往往难以为继，逐渐陷于瓦解。因而私人的信用控制体系不是一种"独特道路"，而是条件所限下的过渡状态。

混合经济的亦工亦农也是如此。农工混合与集中的工业形态肯定有区别，但它们是不能合流的两个道路方向，还是一个方向上的不同阶段？需要谨慎回答。即使不考虑产品的性质（一些适合集中生产，另一些适合分散在家户作业），也很难忽略这一条件：所有的经济活动，都需要一些基本东西——可以称其为"社会基础设施"——的支撑才可能运行。比如上述信用关系作为基础设施的保护作用，在工厂使用合约，在乡村使用关系，方式虽然不同，但要解决的核心问题一样：增强交易与合作的确定性。经济活动采取哪种形态，取决于一系列社会基础条件的变化。如果不是历史地看这些基础条件对于经济形态的限定，怎么能确定哪种情况是长远的道路模式，哪种情况是暂时适应的结果？对于道路"迥然不同"的过度强调，可能使我们忽略各种社会解决生存问题的一般性内容：它们都要完成养育人民、创造盈余的任务[①]，没有一个社会可以例外。

为什么乡土社会的人际关系限定了经济形态，使之呈现"农工混合"方式？原因是农民没有真正离开乡间共同体。无论是务工还是务农，他们都还生活在原有的社会组织中，这些社会关系中存在的互惠责任、道德原则、信用监督机制，成为经济活动可依赖的制度环境。对于经济活动来说，正式合约与人际关系，本质上都是一种责任约束体系：两者都包含奖励和处罚，以明文声称或潜在意会的方式，规范有关各方的行为。比如，正式合约用抵押、记时、奖金及人事处罚来降低违约行为，而人际关系用不再分享信息和帮助机会、闲话、疏远乃至孤立来抵抗不负责行为。

显然，经济活动采取什么形态和社会基础制度有关。经济活动不仅改变着文化观念，也在不断改变着社会关系。比如今天，当高度流动发生、代际社会关系变化、儿

---

① 亚历山大·伍斯德：《在西方发展乏力时代：中国和西方理论世界的调和》，载于黄宗智主编：《中国研究的范式问题讨论》，社会科学文献出版社，2003年，第36页。

女养老越来越无法依靠时，养儿防老的观念就日益弱化，社区或国家公共养老体系的建设不得不提上日程。这说明社会关系发生了变化，单单依靠代际关系，已经无法约束年轻人的传统责任。如果说，乡土社会农工混合是独特道路，就如同说家庭养老是独特道路一样，它们都有"不变"的假设：房产等经济要素的价值不会变，人口流动不会变，基础性的财富制度——比如土地制度——不会改变，与之适应的社会关系不会改变，经济活动的组织惯例不会改变……但无数事实证明，无论人们有多么不适应，这些东西都在经历改变。

所以，农工混合式的分散经营，不过是有效利用已有的社会基础条件，解决剩余短缺问题的适应性结果，但不一定是区别于工业化的另一道路模式。因为工业化形态源自不同的社会条件，而经济形态会随着社会条件而变化。人类大量的经验证明，以传统的眼光看，有很多到来的变迁是暂时不熟悉的，但未知不等于它不应该发生。

《江村经济》的分析逻辑

如果农工混合的经济形态并非独特，那么燕京社会学派的贡献，是不是阐明这一本土化模式？

倘若本土化是指挖掘了本地的研究对象，那么几乎所有的区域社会学研究都在这么做。事实上，研究工作的特点，正是从不同地点的案例证据中挖出知识。如果研究了某类社会的特征就可称其为本土学派，那么，吉尔茨发现巴厘岛的"地方信仰体系"，斯科特发现亚洲村社共同体的"集体生存伦理"，艾森斯塔德发现南亚社会的"庇护关系网结构"……这些研究，都发现了亚洲社会的地区特点，他们为何没有被看成"南亚本土学派"？

显然，单凭研究地点、使用语言或研究者的国籍民族，并不能构成一个学派的特征要件，要看其是否形成系统的方法论立场（methodological position），因为这一立场，为研究者提供了分析逻辑的展开原则。

以《江村经济》为例，可以看到，费孝通的研究依循当时社会科学的一般分析逻辑：

● 社会现象描述逻辑：区别于泛泛的印象谈论和主观情感抒发，费孝通运用一系列观察及调查数据，客观描述江村社会的方方面面，尝试把研究者和研究对象区别开来，把证据和观点区别开来。

● 竞争冲击分析逻辑：费先生发现，外来机械化丝织业的冲击，使得江村丝织业处于不利的竞争位置，分散的副业辅助农业的形态被摧毁：手工土货的市场让给了机织洋货，导致乡村无数靠着制造土货生存的亦工亦农者失业。乡村土地制度的一些基础性矛盾，可能在这一冲击下暴露。

- 功能均衡分析逻辑：江村丝织副业原本的存在，弥补了农业产出和剩余的不足，维护了地租经济的稳定。如果乡村副业的这一功能因素消失，土地分配关系的平衡就可能被打破。

- 因果关系分析逻辑：高效率的经济形态（比如机械化丝织业），对低效率的经济形态（比如手工丝织业），正在构成摧毁性威胁。

- 制度条件分析逻辑：如果地租分配制度不变，在现有情况下，同时养活地主和农民，避免发生大规模的冲突，唯有再兴乡村丝织副业，来补贴农户收入才有可能。

这几个方面显示，《江村经济》的分析逻辑，体现了作者的社会科学训练。他采用社会科学的方法论立场，而不是独立于或颠覆它们。即使是"乡土社会"这个概念，也是运用类型比较的结果，而类型比较是社会科学常用的分析技术之一。费孝通在1985年说道，自己的认识来源，受到《四千年农夫：中国、日本和朝鲜的永续农业》(F. H. King, 1911) 的影响，他坦陈，是这本书引导他得出中国传统社会是"乡土社会"这个概念。在这个意义上，乡土社会之所以"特有"，是和先工业化社会比较的结果。但比较得以进行，必定依赖类型划分，因而费孝通指出中国的特点，并不是处理互不相干的现象，相反，是采用一系列学界通用的分析工具，去认识不同对象的特点。[1] 他经过比较研究得出的结论——比如差序格局的社会关系结构——能够被不同文化及社会的学者理解，不在于观点的差异（寻找差异特点正是社会科学研究的内容），而在于这些不同的特征认识得来所使用的一致方法论立场：社会科学共享的类别划分、概念工具以及分析逻辑。这显然在当时属于新方法，因为它有别于传统中国的治学方法。

因此，所谓"学派"，或者"中国学派的修成"，关键并不在参与者的国籍、使用语言、研究对象、研究结论以及目标理想的一致，而在于系统的方法论逻辑不同于其他，但其分析效力（存在的合理性）得到大量经验调查的证实。以此为标准，燕京社会学派使用的方法论，虽然还称不上全面而系统，但相对于当时的国际社会科学主流立场而言，并非独特，而是一脉相承的。

燕京社会学派的独特性

那么燕京社会学派的独特性在哪里？它相对于什么而独特？

---

[1] Nathan, Andrew J., "Is Chinese Culture Distinctive? — A Review Article", *Journal of Asian Studies*, 1993,52(4):923.

如果《江村经济》是燕京学派的代表作，那么它显示了当时中国学者不同于以往的问学尝试：试图运用和国际学界共享的类别逻辑和分析框架，来认识中国社会的乡村工业化。费孝通在《江村经济》中明确意识到自己作为"社会科学工作者"的角色，他说，"如果要组织有效果的行动并达到预期的目的，必须对社会制度的功能进行细致的分析，要同它们意欲满足的需要结合起来分析，也要同它们的运转所依赖的其他制度联系起来分析，以达到对情况的适当阐述。这就是社会科学者的工作"①。他认识到，中国社会的研究不但需要学者的新角色，而且需要提出新问题。

在今天看来这虽然不稀奇，甚至堪称不能再平常的角色，但是在当时，并没有什么学问或者派别，以与民众平等的态度，深入乡间社会，系统采用经验研究方法，来分析中国的社会现象。之前的中国研究大多居高临下，其目标是控制和治理社会，主要关注的是精英和君臣的思想及其历史成败，较少真正触及基层社会现实；其方法主要是考据、解说、抒意、策论和颂圣，主要内容着力于正当性论述、例规引领、奉献奏折，其价值在以史为鉴提示世人；其角色是教化劝导，对象包括君臣和大众。但燕京社会学

---

① 费孝通：《江村经济》，北京大学出版社，第一章，第 24 页，https://read.douban.com/reader/ebook/803401/。

派的工作不同于此，从潘光旦、费孝通、吴文藻、杨庆堃、林耀华、瞿同祖等一批学者的作品中，可以清楚看到这一不同。他们的工作，显然有别于从前的目标和方法，他们使用的概念逻辑体系与传统治学方式展现了有意识的不同。

以社会科学研究者的角色来工作，这是燕京学者偶然的相似，还是意识清楚的作为？观燕京学派的目标阐述可证。1940年，吴文藻在《社会学丛刊·总序》中，提出了"燕京学派"的方法论立场："以科学假设始，以实地证验终，理论符合事实，事实启发理论；理论与事实糅合一起，获得一种新综合。"他建议的研究假设为："现代社区的核心为文化，文化的单位为制度，制度的运用为功能。"因此，"社区""文化""制度"及"功能"，构成了燕京社会学作为学派的"概念格局"。[①]

这些东西，显然有别于从前中国学者治学的概念体系。而为后人传颂的、吴文藻先生致力的"社会学中国化"工作，一般指的是他主张：社会学采用中文教材，培养中国人才，研究中国社区。这三点，实际上都是为社会学在中国开展所做的必备建设，但它们是否属于"中国化"，还要深究——教材参考什么资料写成，培养什么角色之人才，以及使用什么逻辑进行研究——才能得出清楚

---

① 转引自胡炼刚：《中国社会学史上的"燕京学派"》，2014，http://www.aisixiang.com/data/78554.html。

答案。

所以，燕京学派的工作，以现代社会学在中国的开创建设更准确，他们开启了新的、专业的社会研究，其主要特点，与其说是本土化道路的提出，不如说是研究角色、议题、方法及目标的转换：在角色方面，是社会科学研究者；在议题方面，是面向统治的行为及后果展现；在方法方面，采用国际专业领域共享的分析逻辑和原则；在目标方面，则是描述、解释、评估影响及预测未来趋势。

燕京社会学派的这些努力虽还不够系统，但有重大意义，它意味着不同以往的专业性标准开启，一种新的群体角色出现。这一群体角色的"独特性"是相对于从前的。因为在此之前，社会研究并非这样进行，研究者的角色也并非如此立基。这不是说，之前的传统社会研究缺少用处，事实上中国深厚的社会历史研究很有价值，而是说，仅仅以居高临下的统治者、劳心者立场，通过历史借鉴、情怀舒展、教化君臣和大众来认识社会，是不足够的，还需要引入其他的焦点目标。理解社会及文化的历史变迁和现代转型，需要比较性的分析、多元视角的观照、宏观进程的探索、客观事实的证实以及系统的方法论……所有这一切，我们称之为专业性的工作。

这样的角色在近代中国出现，第一代社会学者群中的燕京学派以及费先生是引人注目的代表。他和那一代学者，尝试运用新的角色——具有现代眼光、贴近现实的专业研究者——给中国社会学及人类学研究注入新的生命活力和思想。燕京社会学派的这一独特角色，不但开启了社会科学经验研究在中国的落地，而且使中国社会研究汇入世界社会学及人类学，并赢得了国际学界的广泛承认。

个人与组织：中国社会结构的隐形变化*

　　社会学对社会结构变迁的切入点，主要在社会分层方面。毫无疑问，过去40年，中国的社会分层发生了非常大的变化。而我想讨论另外一个观察，我认为它非常重要，但迄今为止，较少而且很难用定量数据来展示，因为它基本上不是经济收入或职业声望的自然分层问题。我想重点勾勒出中国社会组织结构的变化，也可称为"隐形变化"。具体而言，我关注的重心是在过去70年中，中国社会发生了哪些个人和组织关系的历史性改变？从政治社会学角度看，这些组织关系变化的意义又是什么？

　　回顾过去70年，可以说中国社会的组织结构发生了两次重要改变，从政治社会学角度看，这两次改变的主题都是个人和组织的关系。与此相关的结果是，个人通过组织

＊　此文作为会议发言纪要，首先发表于《探索与争鸣》2019年第6期，在此又经修订。

与国家中心体制的连接渠道出现变化。如果以 1949 年和 1979 年作为大致的时间点来分段，两次改变分别在两个阶段，大致有两个趋向。

1949 年起始，中国出现一次自上而下的社会重组，建立了一个较为集中的社会组织架构，而 1979 年以后则出现了组织的分化。这两次变迁的基本特征，如果允许我用最简单的语言概括，那么一个是组织结构的集中，一个是组织结构的分化。在前一种情况下，各种组织基本是同质的，相互之间具有行政联系和等级位序；而后一种情况则是组织的异质化，很多组织之间不具有和前者类似的行政关系和等级位序。

作为讨论的起点，有必要先用一个理想形态的区分来简化现象，以突出两种组织结构的标准特征。分化后出现的新型组织主要是市场组织。市场组织间关系的特点在于，在利益和目标不同甚至冲突对抗但地位（相对）自主、权利（相对）对等的角色之间，通过同意、交易与交换展开合作。而分化前主要是一种科层组织架构。科层组织间关系的特点，则是在利益和目标一致（至少是非对抗）、权属级别分明、地位不自主、权利亦非对等的行动体之间，通过等级指挥和支配展开合作。

两者重要的差别在于，组织间的权属（权力与隶属）关系差异：在责任和使命方面，市场组织各自分立、相互竞争，他们不是一个整体，更不具有共同的利益和目标；

而科层组织理论上是一个责任整体，其中的各个部门权限有别，但共享一致的利益、目标和使命。[1] 这两种组织和国家中心体制的关联不同，在其中的个人和组织的关系也不同。

新中国成立初期社会重组的重要内容，是建立了"公家"，这完全是一种新的组织形态，在之前的社会形态中是没有的。进入国家建立的组织中工作，叫"公家人"，吃公家饭。由公家成立的组织遍及城市和乡村，成为人们生产和工作的单位。通过一系列组织活动和人事管理——诸如档案、填表、学习、改造和培训等——公家单位逐步推行了新的组织观念和行为标准。[2] 组织对个人的管控及责任和今天的市场组织也有区别。

我曾指导的一篇学生论文，对20世纪五六十年代青年人的几十份家信进行研究，发现当时青年恋人交流的一个重要主题是如何取得个人的"进步"。这里的进步参照公家组织的政治标准，比如入党入团、行政升职等，而不是以往个人或家庭的经济标准，比如多挣钱、购买房产等。由于公家组织具有分配政治经济资源的地位，其建立推动了一系列新的行为标准的形成，构建了一个完全不同于家庭归属的单位归属。借助一系列新的行为标

---

① 张静：《行政包干的组织基础》，载于《社会》2014年第6期。
② 张静：《构造组织观念——自我检查和审干（1952—1960）》，载于《社会》2017年第5期。

准的推进，公家组织建立了管理权威，同时提供了资源的分配，比如就职、升迁、庇护、利益传输和福利，通过这些组织职能，实际上将个人和公家（即国家体制）联系起来。多数个人通过工作进入公家组织，才能建立起和国家各类体系的制度化关联，所以这是一次组织结构的重大变迁。

值得注意的是，这种组织具有非常独特的特征，跟其他的社会组织是不一样的。这些组织中的多数，本身虽然不一定是政府机构，但都承担不少公共职能，我曾在一篇文章中称它为"政府的基层代理"。以回应社会诉求为例，比如退休人员要提高工资，工作单位必须回应，根据国家政策予以解决。等于公家组织运用和国家的行政关联，可以制度化地连接起退休人员和国家的政策救助。即使没有法律明文规定，对于单位成员，公家单位也有应责、代表、连接和庇护职能，这和单位对个人的管理捆绑在一起。即使没有动力，单位也不得不"代表"成员的利益，"应责"解决成员的问题。宏观地看，这个社会组织的结构，通过层层行政联系，形成了社会诉求向中心传递的组织化通道，把个人和国家通过这种方式联系起来，使多数人都被覆盖其中。显然，如果个人身边有应责的单位，就能有组织渠道关联至政府部门。他不必直接去找政府。

从政治社会学的视角来看，单位的这些功能，是一种基层社会利益的纠错和平衡机制，因为很多人一旦面临不公正问题，单位就有义务协调解决，这是它的不成文责任。而社会秩序的安定，多数也是依靠这些基层的纠错和利益平衡系统达成的。现在中年以上的人应该都有深切的体会，过去个人有问题，基本上是找单位领导解决，而不用进入公共系统，个人在社会上陷入纠纷，也通常是被送回单位处理。今天在一些体制内单位中，我们还能看到这一管理模式的延续。

由于单位组织是跨阶级阶层、跨民族边界的，它的等级序列主要不是在个人和组群之间，而是在行政组织的级别之间。所以，阶级、阶层、民族和职业，这些在其他社会中举足轻重的利益组织化单位，当时在中国社会中的作用较弱，这显然和上述特殊组织结构作为利益调节机制的"中和作用"有关。

从 1979 年开始，中国社会逐渐进入高速发展时期。在组织关系方面，一个新的趋向开始出现——组织的分化。最明显的就是，在上述"公家"组织结构之外，出现了一系列新经济或社会组织。为了区分两者，社会用语一般称其为"体制外组织"。近 40 年来，在体制内组织就业的人数逐步下降，在体制外组织就业的人数大幅度增长，体制内外组织覆盖人群的基本比重在发生重大变化。

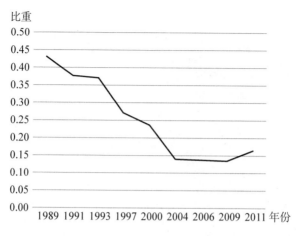

比重

図1　城镇就业中在国企和集体企业工作的人员①

根据中国社会科学院社会学所李春玲的研究，2017 年的数据是城镇就业者中约有 82％在体制外组织工作，而不是在体制内，这是一个非常巨大的变化。

关于不同所有制企业的占比，2015 年的数据显示，私有/民营、混合所有、外资以及各种社会性组织，已经占到 70％以上；而国有企业、行政机关、事业单位、集体企业等，我们称之为体制内组织，加在一起大约只占 1/4 不到。

① 数据来源："中国健康与营养调查"（CHNS），转引自刘志国、James Ma：《劳动力市场的部门分割与体制内就业优势研究》，载于《中国人口科学》2016 年第 4 期。

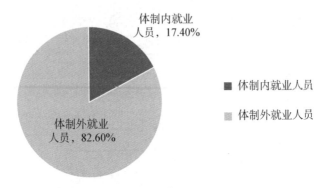

图 2　18—69 岁就业人口体制内与体制外就业人员各自占比①

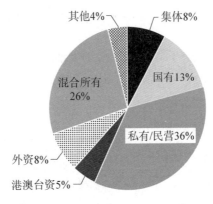

图 3　不同所有制企业组织占比②

可以看到，这 40 年的一个潜在变化是，社会中大部分人实际上是在体制外组织中工作，体制内组织，也就是原

① 转引自李春玲：《新社会阶层的规模和构成特征——基于体制内外新中产的比较》，载于《中央社会主义学院学报》2017 年第 4 期。
② 数据来源：World Bank Survey，转引自 Wang Yuhua, *Tying the Autocrat's Hands: The Rise of the Rule of Law in China*，Cambridge University Press, 2015, p. 88。

来所说的公家单位，覆盖的人群大幅度减少。新组织由市场而生，它们不是同质化的，而且利益有别，组织虽有大小，但没有公家意义的象征等级，组织间通过合约形成自主选择的关联，而非由公家建立相互关联，它们与国家建制的制度化联系，无论能力、渠道和方式都有别。

更重要的是，这些组织的基本角色和体制内组织不同，它们不是政府代理，自认没有义务治理社会，比如对社会稳定负责，也不会增加人力财力成本对就职个人自动承担代表、应责、庇护和协调的职能。就这一点比照而言，其中的个人和组织的关系，显著区别于体制内科层组织。因而，处在不同组织里的个人，和国家体制的关联完全不一样。

这个变化意味着什么呢？它意味着对很多人而言，他们身边的应责组织——基层利益平衡机制——悄然减弱：个人解决问题的制度化渠道——在基层广泛存在的中介（政府代理）组织——在他们身边消失了。这是第二次个人和组织关系的重要改变。因为，对于成千上万的个人来说，应责组织的存在，就等于在结构位置上，他可以利用组织化的利益传输通道解决自己的问题。

有组织通道和无组织通道的人，解决个人诉求的能力差距非常明显。唐文方教授的统计发现，在党政机关工作的人，解决个人问题的能力，比在党政机关外工作的人高八倍还多。[①] 为什么高？是他个人能力强吗？不是的，完全是因为他所在的工作单位在体制上是他的应责组织，他可以通过这个组织提出诉求，解决面临的问题。

宏观地看，工作单位作为基层利益平衡机制的作用的确大幅度下降，可以从下图数据得到证实。

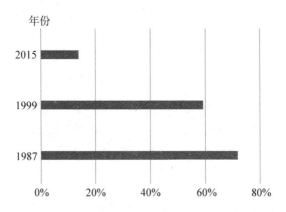

图 4　选择由单位解决问题的受访人占比的变化

数据来源：唐文方：《个人意见的公共性：中国六城市居民调查》，2004；全国社会心态调查，2015。

显然，1949 年以来通过科层组织建立的关联纽带，将个人和责任组织乃至国家体制联系起来。而这种关联的作用在组织分化背景下降低了。如果有 3/4 的人身边没有了解决问题的应责组织，基层的利益平衡和纠错机制如何运

---

① 唐文方：《个人意见的公共性：中国六城市居民调查》，载于《北京大学社会学刊》2004 年第 1 辑。

作？解决问题的诉求自然就会另寻渠道——比如，进入网络或公共政治舞台。

社会公正感分歧呈现的类别，可以间接证实这种变化的影响。根据人民大学 CGSS 的数据分析我们发现，在体制内和体制外组织工作的人，对社会问题的看法显现出一些可辨识的差异趋向。[①] 这一特别情况正是转型社会组织结构的变化使然。体制内组织提供的个人和国家体制的对接，解决了个人生存中的很多问题，但对于体制外组织来说，它们并不处在科层组织体系中，这个对接没有建立。这就是为什么大量体制外组织建立了公关部门，他们需要特别构建机制，和政府联系来保护自己的发展利益，而体制内单体已经有了基本通道，所以不大需要再这样做。

上述组织结构的变化，对于社会整合、政治认同、社会治理都提出了重要挑战：我们现在的基层利益平衡机制，都产生于之前的社会结构，它们已经脱离了变化的社会现实。比如，基层的代表机制，主要吸纳的是体制内而不是体制外的劳动者，但体制外组织已经成为多数人就职的场所。他们的结构地位缺少和国家体系组织通道的对接，他们解决问题的组织渠道较少，所以公正感普遍低于体制内人群。为什么社会中部分人对于体制的政治认同在

---

① 张静、董彦峰：《组织分化、政治整合与新时代的社会治理》，载于《文化纵横》2018 年第 4 期。

减弱？为什么旧的利益协调机制效力在下降？为什么制度运行的成本在不断提高？从个人和应责组织关系的变化，其实可以直接或者间接地解答这几个问题。

就此而言，适应社会分化的组织结构状况，建立新的利益平衡机制，增强体制外人群和国家中心体制的组织化关联，提升差异性组织类别的社会吸纳覆盖，迫在眉睫且势在必行。

社会变革与政治社会学

——中国经验为转型理论提供了什么*

过去几个世纪中，不少国家先后经历了社会变革。变革时期的一个常见现象，是社会冲突大幅度上升。研究者发现，在一些国家，社会冲突没有威胁到变革中新秩序的形成，而另一些国家，却长期处于持续不断的社会动荡当中。怎样解释这种差别现象，一直吸引着研究者的兴趣。而中国历时 40 年的改革开放实践，提供了一个难得的案例，使政治社会学有机会目睹并寻求解答。

中国的改革开放在 20 世纪 90 年代进入加速时期。在乡村，土地承包制得到全面推行，在城镇，企业兼并、转轨改制广泛开展，经济改革引发的一系列变迁，以前所未有的速度深入社会组织和结构层次。经济改革从前期的零散摸索向相互关联发展，逐渐出现了一个系统的基本方向：扩大市场经济的比重，让市场成为配置资源的重要力

* 本研究得到北京大学社会学基地 2016 重点项目（"社会治理：理论、组织与方法"）的支持。论文最初发表于《浙江社会科学》2018 年 9 月，在此又经修订。

量。这极大地激发了社会的活力，个人和组织各尽所能，纷纷投入"致富"的行列中。

改革的结果令人瞩目：全国城镇从业人员的部门所有制构成，发生了前所未有的变化。在 90 年代中期之前，公有制部门的就业人口，还占到城镇人口的 70％以上，而从 1997 到 2003 年短短几年时间里，这个比例下降到 30％以下。从 1992 到 2016 年，中国城市中的私营企业主和投资人，由 13.6 万人上升至 2 229 万人。民营经济活跃兴起，社会财富的增加速度令人印象深刻：中国家庭可支配的财产——城市家庭的住房拥有率，从 1996 年的不到一半，上升到 2005 年的 78.2％，从 2011 年的 79.9％，上升到 2015 年的 86.6％；到 2015 年，有 14.12％的城镇家庭拥有第二套住房，13.3％的城镇家庭拥有金融资产。①毫无疑问，中国在不长的 40 年中经历了快速的经济发展和社会变革。

国际学界在承认这些巨大成就的同时，对中国社会的认识充满分歧。争议源于若干未解之惑，人们发现似乎相悖的事实：一方面，中国的社会矛盾随着改革的深入逐渐加剧，这似乎符合快速变革与冲突同步的常规变迁现象；而另一方面，和其他变革社会相比较，这些常态

---

① 吴晓刚：《静悄悄但革命性的社会变迁》，澎湃网新闻专题"改革开放 40 年"，2018 年 5 月 29 日。

— 176 —

似乎没有显现同一结果。比如，变革过程中出现大量社会和政治冲突，减缓了一些前社会主义国家的经济发展进程，削弱了社会向心力，瓦解了主流意识形态和社会组织架构，维系体制的社会基础快速收缩。但在中国，这一社会基础的基本成分，却从较为单一的"无产者"群体，扩展到多种社会类别，包括新兴经济中涌现的大大小小有产者群体。对此，一些曾经对中国前景抱悲观态度、预言它将会面临"崩溃危机"的学者也意识到，对于中国体制为何出现"韧性""所知甚少"，还有"太多的研究要做"。①

这一问题激活了政治社会学对变革研究的关注，参与的学者来自政治学、社会学、人类学、经济学、公共管理学、法学，甚至历史学，他们从不同的训练背景出发，希望对这一问题给出学术反响：在中国，变革40年出现了大量社会矛盾，触发了各种群体利益不平衡，但为何没有出现强大的对抗改革的社会力量？为什么在变革中，中国社会保持了基本的内聚力？它是如何保持的？社会和政治冲突在不少国家的变革期发生，导致一些执政权威结束了政治生命，但为何中国执政所依赖的社会基础仍得到扩展？对于变革与秩序基本关系的解释理论，中国实践能够提供什么新知识？

---

① Andrew J. Nathan, "Authoritarian Resilience", *Journal of Democracy*, 2003,14(1).

在 20 世纪 90 年代的中国，一些被称为"新"的分析框架，发挥了重要的方法论影响。它们主要是：传统与现代社会结构（韦伯），制度现代化与瓦解（艾森斯塔德）；社会转型的动力（泽林尼），国家与社会关系（尼志伟、魏昂德），团体冲突与结构整合（施密特），第三世界国家的社会变迁与制度革新（亨廷顿）。这些研究十分重视现代性的生长、资源流动、结构关系、利益组织化、控制权变化等要素对于秩序变迁的意义，这深深形塑了政治社会学研究的问题意识，大量的研究试图解析中国变革的动力和特点，希望通过对照有关变革的常规知识，发现中国社会变革的基本特征。

变革的动力、方向及特点

中国社会变革的基本方向及特点是什么？为什么它获得了持续性的动力？这是 90 年代政治社会学研究首先聚焦的问题。

（一）变革的特点

对于政治社会学而言，中国社会变革的意义，不仅是经济发展，更是一场有方向的社会转型：一些新的组织类别、社会身份及关系结构出现，个人与组织的关系，也经历着 1949 年以来的第二次大规模重组。[①] 这一重组的基本方向是从全面的行政再分配组织体制中，生长出了资源分配的市场组织体系。社会学者对这一变迁普遍持肯定态度，认为改革开放推动了社会结构和财产支配关系的历史性进步。这些进步表现在以下方面。

首先，资源的自由流动空间开始出现，这包括财产、资本和人力资源，它们从相对受限的固定分配形态，部分转向受限更低的市场流动形态。[②] 大量的人从定居职业进入自我选择的流动职业，务农者变为务工者，各种新型职场从业者出现，如自雇业主及合伙创业者、网商和独立零售户、房地产开发及租赁组织、市场经纪人、物流业主及雇工、金融股市、证券分析、第三方认证、商业智库、电子游戏业、旅行健身业、电子传媒平台等。他们广泛分布于民商企业和社会服务业，涉及商业金融、法律服务、社会教育等多个从前无法进入的领域。原有社会中很少甚至基本不存在的行业，正在吸纳越来越多的城镇工作人口。人力资本的价值，在全社会得到空前提升。

其次，普通人面对的机会结构出现分化，从较为单一的发展机会向多元机会演变。这可以解释中国为何相继出

① 张静：《个人与组织关系的历史改变》，北京论坛分组（社会转型与历史）会上的发言，2017 年 11 月。
② 孙立平：《自由流动资源与自由活动空间：论改革过程中中国社会结构的变迁》，载于《探索》1993 年第 1 期。

现下海潮、进外企潮、出国潮、考公务员潮以及进国企潮。这些"潮流"分别反映了人们利用体制内外不同制度资源的行为。原因在于，这两个体系的资源控制和分配机制不同：前者有较强的等级分配、垄断和保护的特点，后者则有较强的交易灵活性，通过优胜劣汰获得竞争优势；前者的资源来源主要靠组织计划供给，后者则必须靠市场绩效竞争；前者可以依靠组织庇护和特殊政策，后者必须依靠奋斗去发展市场和人脉；用社会学的概念说，单一机会结构中主要遵循的是继承机制，而多元机会结构中则盛行自致机制。[①]

再次，劳动者地位获得的模式开始变化，从主要依靠政治表现和组织分配，到越来越多地依靠知识和能力；从主要根据资历排序，到越来越多地根据自身努力和贡献排序。将政治资本和人力资本的作用进行比较，社会学研究发现，在改革开放中，通过人力资本获得的回报出现了上升趋势，大量没有其他地位优势的普通人，通过个人的市场能力获得了地位上升。这一模式的变化，孕育了社会转型的基本动力：多数劳动者看到，绩效竞争给个人能力带来更多的发挥机会，所以有关变化受到中国受访者的普遍欢迎。[②]

---

① 李路路、边燕杰主编：《制度转型与社会分层》，中国人民大学出版社，2008 年。
② 马丁·怀特：《中国民众如何看待当前的社会不平等》，载于《社会学研究》2009 年第 1 期。

用政治社会学的眼光看，40 年的经济体制改革，显然并不仅仅是经济革命，它也是一场社会革命——组织和结构分化，从而改变了社会关系，它更是一场政治革命——释放选择、机会、权益和资源，从而改变了权利关系。虽然社会受益程度还存在不小的差别，尚无法令所有人满意，但不可否认的是，多数人从这场社会变革中受益，他们欢迎改革中出现的新型价值原则，这是改革获得广泛社会支持、具有持续动力的基本原因。

（二）路径依赖

上述常规特征，与其他变迁社会的理论描述相似，但尚不足以概括中国社会变革的独特性所在。因为中国出现了不同于转型理论预测的后果：相对于政治资本，人力资本在社会地位上升中的作用，并没有出现超越性优势。如何解释这一点？社会学者发现，转型理论低估了变革对原有社会组织结构的"路径依赖"。这些组织历史上的资源获取和分配模式，不但参与了竞争，而且在变革中发挥着影响。

在中国的计划经济时期，资源通过国家科层组织，按照企事业单位的等级系统进行再分配，作为一种特殊的经济资源，人、财、物在一定程度上由单位支配。在这种情况下，享有和使用资源的主体不完全是个人，还有个人所在的组织单位，因而单位的地位和级别，仍然能够很

— 181 —

大程度上影响市场对资源分配的效力。学者对上海案例的定量研究表明，在 90 年代至 2000 年间，文凭和政治资本都是社会地位的主要基础。[①]在人们的收入分配中，行业部门的地位（而不完全是个人能力），起到更决定性的作用：

> 1988 年……行业部门变量（对于收入）几乎没有起到什么作用。而到了 1995 年，行业部门变量的作用不仅变得显著了，而且成为一个比较重要的因素。它在几个比较重要的"非基本工资收入"中，位于决定因素第四，排在城市、性别和所有制类型之后，但排在教育水平、职业和自立等大多数因素之前。这说明，在国家规定的薪水和基本工资之外，一种分割群体的类型——行业部门——决定收入分配的作用在不断增加。[②]

显然，中国社会变革的特有现象是，普通人的社会地位，受到已经制度化的组织身份影响，这一点使很多现象呈现变异。比如，社会的收入差异与所有制类型和行业部门显著相关[③]；人们的家庭收入不一定仅仅来自工资，"美

---

① 边燕杰、卢汉龙：《改革与社会经济不平等：上海市民的地位观》，载于边燕杰主编：《市场转型与社会分层》，生活·读书·新知三联书店，2002 年，第 509 页。
② 王丰：《分割与分层：改革时期中国城市的不平等》，浙江人民出版社，2013 年。
③ 王丰：《分割与分层：改革时期中国城市的不平等》。

国的穷人没有任何财产，而中国的穷人没钱却可能有房产"[1]；这意味着，人们的财产拥有及变化情况，不完全取决于个人的劳动能力，它们部分甚至很大程度上，与其从前的组织身份有关。曾在单位分配有房或村庄分配有土地的人，通过市场交易和用途转换，具有财产性收入的概率大增。随着临近城市或铁道公路的房产的价值不断提升，人们的收益差距逐渐拉大，而这些财产的拥有机会，实际上来自他们和体制内组织的历史关系。

利用 2010 年至 2012 年的追踪调查数据，比较体制内工作对家庭财富存量和增量积累的作用，（我们发现），全国有 64.8％的家庭财产都有增长，35.2％的家庭财产未变动或减少。而在体制内工作的家庭，财产发生增长的比例为 71％，高出在体制外工作的家庭 5 个百分点。同时，在体制内工作的家庭财产增长比例达到 36％，高于在体制外工作的家庭的增长幅度（30％）。[2]

显然，改革前后的"新旧"身份和组织状况，共同创造了社会群体的分类差异。其中特别关键的，是社会身份"新"等级的再造，除了经济收入，更有资源利用资格和

---

① 谢宇：《中国社会的特色到底在哪里？》，爱思想网，2016，http：//www. aisixiang. com/data/99459. html.

② 谢宇：《中国社会的特色到底在哪里？》。

组织关联的作用。比如体制内外职工养老金体系的差异，是结构变迁和政策运行的一种宏观结果，并非完全可以经由个人或机构努力、单纯的收入提升来改善。以职工基本养老保险制度为例，它基本上局限于城镇职工，灵活就业人员及农民工群体尚未被完全纳入。截至 2009 年年末，中国有 50％以上的从业者，没有被正式的养老保障制度覆盖，60 岁及以上老人中，约一半没有任何养老金。[1] 这些由于组织和制度差异导致的身份类别差异，是中国社会变革的特殊现象。

（三）组织资格与地位差异

上述现象给政治社会学提出了新问题，研究者认识到，利用资源的资格优势不是单纯的经济现象，它和社会的组织结构状况有关，社会不平等也不完全由经济竞争导致，而是可能由制度环境导致。比如，对于公共（国家）资源的利用资格，体制内的普通劳动者，有时比体制外的高级管理人员优势更多。为何会如此？因为不同组织和国家中心体制的制度化关联不同，这导致不同组织中的人实现权益的渠道和效能不同。[2] 如果特别注意制度运行的实践机制，而非它的"理论"预测，就不难发现，原先的组

---

① 《两会共议养老保险制度改革》，https：//wenku.baidu.com/view/1205b0c6402891 5f804dc241.html。

② 张静：《通道变迁：个体与公共组织的关联》，载于《学海》2015 年第 1 期。

织关联和新社会地位差异的关系。

中国社会组织间关联的行政架构，是1949年的社会重组奠定的，组织在资源分配方面设置的等级架构，形成了今天哪些成员可能拥有代表系统、信息传递通道、利益表达路径、资源配置便利的制度性基础。比如，各类社会"代表"的产生渠道，主要是通过体制内的组织推荐，代表分布（名额）和组织系统、地位有关。显然，这些代表并非代表个人或自发群体，而是代表职业、单位、地区或者工作组织。这样，体制内组织和变革中生长出来的体制外组织，虽然看上去名称相似，但它们分别处于不同的等级体系中。不在体制内，或者尚未被纳入这一系统的组织，其可利用的信息传递、利益表达和资源配置的制度化通道，就会明显少于前者。① 比如，"那些在党政机关单位工作的人，比没有单位的人，解决个人问题的能力高8.5倍"②。

作为一种制度环境，这一差别影响着体制外人员和组织的资源利用。民营企业、外企、自雇者、创业者、新型的经济机构处于体制外，缺少与行政体制的结构关联，各种竞争机会、资源分配及财政政策的受益链，主要沿着公

---

① 张静、董彦峰：《组织分化、政治整合与新时代的社会治理》，载于《文化纵横》2018年第4期。

② 唐文方：《个人意见的公共性：中国六城市居民调查》，载于《北京大学社会学刊》2004年第1辑，第48—72页。

务系统或有关联的部门伸延，由此加剧了利益获得机会的结构不平衡。[1] 这可以解释，为何众多社团组织不愿意脱离挂靠单位[2]，而体制外的企事业组织，为何以更大的竞争，付出更多的费用，建立非正式的政治关联，来争取机会和保护。这些活动的广泛出现，推动了民营商业和行政权力之间的资源交易，结果不是瓦解和削弱，而是继续巩固了再分配权力。

从整个社会体系看，上述情况预示着，经过 40 年经济改革，一种独特的社会组织化结构业已出现：在体制内，经由单位的社会政治职能，把社会成员组织进国家公共体系；在体制外，大量的社会个体没有组织渠道连接国家体系的结构身份，而后者吸纳的 18—69 岁就业人口，目前已经在城镇就业中占比 82.6%。[3] 90 年代事业机关的人到体制外下海经商，挣钱更多，但还是感觉地位"掉价"了不少。这不是指级别高低，而是指他们和公共体系关系的远近：他们不同程度地失去了方便使用制度化的组织通道之身份。

上述研究的一个重要贡献，是以中国的证据，对转型理论作出部分修正。沿着泽林尼和尼志伟的预测走向，结

---

① 张静：《通道变迁：个体与公共组织的关联》。

② 张静、吴肃然、焦长权：《社会团体与公共利益组织化》，载于张静主编：《社会组织化行为：案例研究》，社会科学文献出版社，2018 年。

③ 李春玲：《新社会阶层的规模和构成特征——基于体制内外新中产的比较》，载于《中央社会主义学院学报》2017 年第 4 期。

论必然是，再分配经济中的身份差异，将在市场经济体制中得到大幅度削弱。但中国的经验现象，没有支持这一结论。是哪些特有的条件使情况发生变异？基于对中国社会组织结构的深入认识，政治社会学研究提供给转型研究的新证据，是特定的社会组织化条件产生的影响：它可能改变转型理论预测的变革趋势，造就新的身份差异。这说明，人们社会地位的变化，不仅仅是收入、财富和生活方式问题，它还与转型前制度化的特有组织结构有关。这些组织结构，影响着社会再层化的新结果。所以社会学者提示，在中国，"应当注重单位地位，而不仅仅是职业地位"[1]。

变革的稳定性来源

中国的社会变革，吸引政治社会学研究的另一问题，有关变革秩序的稳定性来源：相对于其他社会，为何中国的社会转型，没有出现大规模的社会动荡？

基于第三世界国家的比较研究，政治学者亨廷顿曾经发现：当制度化（合法化）水平落后于经济发展速度且大幅度提高了社会预期时，社会动荡就会发生。[2] 社会冲突

---

[1] 边燕杰主编：《市场转型与社会分层》，第10页。
[2] 塞缪尔·P. 亨廷顿：《变化社会中的政治秩序》，王冠华、刘为译，上海人民出版社，2014年。

和动荡，被认为是高速变化社会的必要成本，90年代中期前后在很多国家出现。中国的制度化进展也明显相对滞后，但为何结果出现了例外？在一篇影响广泛的文章中，黎安友试图解释这种"休制韧性"现象，沿着亨廷顿的思路，他列举了中国政府组织的几项改进——规范政府行为的约束增加；人事晋升能力标准的制度化；吸纳不同团体，促进组织功能的专业化发展；等等。他认为，正是这些制度的演进，增强了威权体制适应社会变革的弹性。[①]

这种解释的进步之处在于，从制度基本不变的假设，转变为注意"制度的适应性变化"，这些适应性变化是在不经意中逐渐发生的。和从前相比，适应性变化往往是非正式的，不容易呈现新与旧的确定分界线，但并非没有重要意义。

政府组织的正式"制度化"发展当然值得注意，但仅以此作为解释变量，显然还不能使政治社会学者满意，因为政治社会学更关注——那些非个人、非预期、具有长程、系统性特点的基础性变迁，只有这样的变化，才可能具有结构和组织上难以逆转的意义。所以，不同于合乎法律条文或者合乎主流意识形态证明"合法性"来源的做法，政治社会学者的着力点，在于探索社会认受性：认识

---

① Andrew J. Nathan, "Authoritarian Resilience".

那些并非主观刻意却在客观"支撑"着体制的社会基础，为何它没有被高速的社会变革削弱。因为体制的合法性支撑，不仅来自法律条文的规定、知识精英的评判、主流意识形态的阐明，更关键的在于广泛的社会实践之非预期后果。所以，不能只看书面条文"怎样说"，必须深入地方的实践过程，从人们"怎样做"中寻找答案。

政治社会学研究发现，和其他转型国家出现的情况类似，中国的高速变革也加剧了社会关系的紧张、矛盾的积累甚至"社会断裂"①，它们侵蚀着社会向心力的凝聚。但是这些状况没有从根本上扭转变革的大局，原因是其他发展起到基础性的中和平衡作用。这些发展，可以从几个方面得到阐明。

（一）发展型意识形态

1992年，邓小平南方谈话推动了以经济发展巩固政治合法性的进程，以利益效能为基础（而不是仅以意识形态为基础），构建社会秩序的共识，逐渐深入人心。对财富进行合理追求与积累，以经济发展为工作中心，在社会各界引起积极反响。"在改革之前，中国被看作一个依凭政治建构起来的社会。这个社会的依据，依靠主要领导人对

---

① 孙立平：《断裂：20世纪90年代以来的中国社会》，社会科学文献出版社，2003年。

社会应该是什么样子的认知组织起来，并且通过强有力的组织武器来实现。"[1] 但改革开放，改变了这一逻辑。

新秩序的共识性基础，依赖社会上下对发展型意识形态的积极接受，"发展才是硬道理"成为人们的奋斗指南。各级政府的角色，也随即转向推动和实施经济建设，一种独特的干部激励模式——晋升锦标赛——在各地出现。地方 GDP，也可以是地区收入、招商引资、出口创汇、脱贫摘帽、社会稳定、环境保护等，都可能被指定为绩效指标，成为衡量工作成就的依据。经济发展作为最直观有力的政绩指标，成为干部提拔晋升的主要参考。辅之年轻化、知识化、专业化等其他人事标准，设定学历、任期和年龄限制，"下管一级"的管理体制等纷纷出现，干部通过推动地方经济发展获得晋升的速度加快。为了推动绩效判定，在地方各级政府普遍设立专项考评的组织机构。有两类基本的考核目标：发展目标和工作目标，前者包括经济建设、社会管理和发展潜力——3 大类的 34 个指标，后者包括年度重大工作目标的完成情况以及整改情况。[2] 组织考评几乎涉及所有基层行政部门，每年定期举行。考评结果可以影响到单位和个人的奖金及项目申请、

① 郑永年：《全球化与中国国家转型》，郁建兴、何子英译，浙江人民出版社，2009年，第 60—68 页。

② 浙江 HZH 市综合考评委员会办公室材料，第 15 页，地方政府官网，http://kpb. hz. gov. cn。

资源发放的排序。让仕途与经济绩效挂钩，将官员的晋升利益进一步和国家发展的目标关联起来[①]，这全面推动了基层政府以发展的意图行动，解决由上而下的发展监督和激励难题。

发展型意识形态与社会"甩掉穷帽子"的热望不谋而合。随着招商引资成为地方政府的主要工作目标，企业家群体和政府的合作得到广泛发展。政商互助互利变得实际上正当。一个新现象出现了，当企业取得一定规模时，部分民营企业家开始进入体制内，争取获得人大代表或政协委员的位置，以求获得社会地位，同时获得特殊政策和信息，以帮助开拓市场。政府部门也主动吸纳他们的代表，这种合作，客观上推动了执政的社会基础的扩展：由单个无产者群体，扩展到多个有产者群体，从而使得转型中国"避免了东欧和苏联的政治动荡"[②]。

（二）绕过障碍

虽然实践中的做事原则正在改变，但由于正式制度的变化相对滞后，所以上述合作的顺利开展，必须寻找各种方法，规避制度障碍。于是，大量绕过障碍的"创新行

---

① 周黎安：《中国地方官员的晋升锦标赛模式研究》，2016，http://www.360doc.com/content16/1208/14/29512610_613000038.shtml。

② Bruce J. Dickson, *Red Capitalists in China: The Party, Private Entrepreneurs and Prospects for Political Change*, Cambridge University Press, 2003:3-4.

为"，在地方层面广泛发生：通过嫁接的方式，让新的做法绕过现有制度的屏障，以因地制宜为理由，让正式制度适应地方需要。这些实践所采用的规则不同于正规制度，但普遍被行动者灵活接纳，人们并不直接挑战现存制度，而是"将现有的制度运用于新的或其他目的"[①]。

相关创新源于政府与经济行动者实践上的具体互动[②]，它们往往发生于相关方面都拥有共同利益的地方，两者都可以获益，灵活的安排就可能超越现有正式制度的监管[③]。显然，没有以共享利益为基础的社会秩序，相对稳定和平的互动是不可能的。[④] 这些互动过程创造出大量灵活性，它们绕过制约，克服障碍，客观上降低了经济活动和正式制度之间的张力。这样的做法普遍发生，成为人人接受的常态，就可以在不危及正式制度的情况下，让正式规则在实践中的作用"实际上发生了变化"[⑤]。

对社会冲突的处理也遵循了这一模式，学者称之为"二元整合秩序"，即在保留原秩序的形式下，实施新的行动规则，以降低变革的冲突性。通过分析集体与个人财产

[①] Kathleen Thelen, "Timing and Temporality in the Analysis of Institutional Evolution and Change", *Studies in American Political Development*, 2000, 14(1): 101 – 108，转引自蔡欣怡：《绕过民主：当代中国私营企业主的身份与策略》，浙江人民出版社，2013，第 31 页。

[②] 蔡欣怡：《绕过民主：当代中国私营企业主的身份与策略》，第 29 页。

[③] 蔡欣怡：《绕过民主：当代中国私营企业主的身份与策略》，第 35 页。

[④] 蔡欣怡：《绕过民主：当代中国私营企业主的身份与策略》，第 71 页。

[⑤] 蔡欣怡：《绕过民主：当代中国私营企业主的身份与策略》，第 38 页。

纠纷案的法律解决过程，学者发现了基层社会秩序达成的途径：先基于规定和红头文件，确认集体产权的正当所属，而后又基于民间公正观，就实际财产/资源的分配进行调解，将多数赔偿款分配给实际投资一方，最终达成当事各方的同意。在法院的判决中，延续了正式制度承认的公优先于私的原则：确认村集体组织（而非私人投资者）为产权人，他们作为财产所有者而非公共服务提供者活动。但在涉及财产赔付的实际利益时，法院调解又根据市场原则——谁投资谁获益——进行了分配调解。如果没有这样看似"矛盾"的处理，不可能产生双方同意的秩序。法院的处理将产权归属问题和利益补偿问题分开，显示出基于双重原则的秩序达成方式：它由权利声称和利益分配两个层次组成。前者的作用是合法化正式的制度结构，后者的作用则是达成社会成员的同意。①

这样做，实际上既没有否定正式制度的规定，又在操作上承认和维护了产权人的利益。这类实践广泛存在的意外结果，是法院从声称保护公有产权的角色，转变为也可以同时保护私人产权的角色。这一变化的本质，是国家角色（并非主动或有意识地）从代表单一群体，变成不同群体间利益的调停者：它不总是保护某一方，而是在不同的

---

① 张静：《二元整合秩序：一个财产纠纷案的分析》，载于《社会学研究》2005年第3期。

群体间协调平衡，以中和各方由于机会、权利、利益和资源差异，由于不平等、垄断体制、竞争不充分等原因产生的冲突。国家的这一新角色及其与社会的新关系，使之能够摆脱仅代表单一集团容易与其他社会集团对立的位置。

（三）绩效合法性

在现代社会，任何一个国家都必须为大众提供一些基本的公共物品，包括教育供给、经济发展、养老保障、医疗卫生、交通、治安、法律、环保、国土安全、道德表率等。提供这些公共物品的能力，是国家合法性的一个重要来源："如果国家统治的正当性，源自其为大众提供公共物的能力，这个国家的统治基于的（就）是绩效合法性。"而韦伯和亨廷顿的"合法性来源"分类体系，都没有包含这一最为基本的方面。[①]

过去40年，中国上述部分公共物品的提供责任，正在从乡村和城镇的生产生活组织逐步转移到政府部门。随着90年代中期的分税制改革，政府财政汲取能力大大增长，巨量的政府财政资金，提供了发展经济和民生支出的基本条件。这段时期中国进行了一系列公共预算体制改革：一方面，进一步完善了中央（上级）对地方（下级）的专项

---

① 赵鼎新：《绩效合法性、国家自主性与中国经济发展》，爱思想网站，http：// www. aisixiang. com/data/65812. html。

转移支付体系；另一方面，全面推进了部门预算改革。[1] 公共财政的配置发生了改变，从按照惯例分配和"跑部钱进"制，变为逐级项目申请、分包和绩效评估制。

这些变化显著增强了资金使用的中央调配权，一些基础性的国家支付改革随即出现：全国从 1997 年起，开始建立城镇社会保障体制，起初是针对国有企业职工，而后逐渐扩展到所有城市职工，再后扩展到城乡居民。2000 年开始，国家逐步取消了农业税和相关的农业收费[2]，增加了对农民的种粮补贴，严格限制并禁止基层政府向群众收取各种费用，通过降低农民负担缓和了乡村干群关系。为弥补税改后基层财力的不足，中国大幅增加了对地方的转移支付，教育、医疗、社保、三农等民生支出逐年增加。[3] 1998 年至 2006 年，中国的政府抚恤金和福利救济费支出增长了 4.30 倍；行政事业单位离退休经费增长了 3.70 倍；社会保障补助支出增长了 13.58 倍；社会保险基金支出增长了 2.96 倍；小口径社会保障支出增长了 6.27 倍；大口径社会保障支出增长了 3.85 倍。2007 年至 2015 年，中国的预算内社会保障与就业支出增长了 2.49 倍，社会保险基金支出增长了 3.94 倍，两者合计平均增长了

---

① 焦长权：《项目制与政府行为研究》，北京大学 2017 年博士论文。

② 王晓鲁：《40 年改革与中国经济的未来》，世纪经济报道，http：//finance. sina. com. cn/roll/2018-06-28/doc-iheqpwqx7909063. shtml。

③ 刘明兴、陶然：《中国民生与稳定的政治难题》，FT 中文网，http：// www. ftchinese. com/story/001060603? full＝y。

3.35 倍。[①]

虽然这些支出的地区平衡和覆盖率尚存在不小差异，但不能忽略有关发展对于宏观政治整合的作用：社会保障逐渐从家人负责、私人慈善、社区救助、单位和地方企业支付，转为各级政府的社会责任；支付标准和居民收入信息从分隔多样，到逐渐统一；山区最贫困的人口开始进入"扶贫攻坚战"的惠及范围……由国家掌握系统分配依据，意味着国家开始进入国民生存风险的保护领域，这客观上在重塑政府与社会、中央政府与地方政府、政府与国民的关系，有利于强化政府的责任，并巩固国家的合法性来源。[②]

（四）利益组织化结构

有关转型秩序，还有一个重要问题尚未解答：中国的改革触及利益分配格局的变化，但改革能够取得成就，得益于没有形成巨大的反对力量。为何如此？

有研究指出，中国社会利益组织化的特有结构，有助于发现答案。不同的社会，实际上以不同形式传递组织化利益并展开冲突，这就是社会学所谓的"异形同质"问题。我们可以通过识别利益组织化在中国的特别结构，来

---

① 柯卉兵：《中国社会保障支出水平与结构：1998 年—2015 年》，载于《地方财政研究》2017 年第 11 期。
② 徐晓新、高世缉、张秀兰：《从美国社会保障体系演进历程看现代国家建设》，北京大学中国与世界研究中心研究报告，NO. 3—01，总第 67 号，第 33 页。

认识社会冲突发生、秩序构成的特有模式。结构不同，不仅发挥作用的原理不同，形成秩序的结果也有异。

政治社会学一般认为，在现代社会中，利益组织化的基本单位（unit）是各种次级群体，比如阶级、政党、公民组织、非营利团体、专业成员团体、非政府组织、行业、协会、俱乐部等。这些群体作用于内聚公共利益并将其组织化，再通过社会竞争和活动参与，将多元利益传递到决策过程，影响政策和法律制定。基于这些理论，国际社会转型研究的一个重点，就是试图发现中国社会团体和（中产）阶级力量的发展。

但中国显示了不同的情况。虽然中国社会群体在收入、声望、教育、资源和机会等方面的差别增大，说明"阶级"和"分层"现象也在中国出现，但它们主要是作为经济收入或生活方式现象，而非利益组织化现象存在。与其他社会的情况不同，在中国，整体性的对抗社会变革的"阶级"力量并不明显，阶级和阶层很少在社会冲突中发挥政治性作用，必然有独特的结构性原因使然。

理解这一问题，有两个因素是关键性的。一个是组织现象：20世纪中叶的社会再组织化进程；一个是文化现象：中国人传统的社会关系网络。两个现象都和历史有关，前一现象涉及过去的70年历史，而后一现象涉及过去的千年历史。

1949年以来的社会再组织化进程，改变了自然选择和流动的社会类别,"阶级"自然分化的过程中断,新的利益组织化单位产生:人们注册或参加工作的具体行政组织。这项变化按照不同的标准,重新调整了人们的地位分类,于是,社会中划分身份的根据,并不仅仅是资产占有,还有组织位置。每个单位组成了新的利益团体,管理、代表、应责和回应内部不同阶层人员的需求,单位类似组织中介的功能,将人们整合进国家中心体制。

第二个因素有关中国的社会关系特点:公共和私人关系并非各自独立、互不相关,而是功能互用,两者间的资源流动较少受到阻碍。因此,在不同地位和背景的群体之间,通过非正式的社会关系建立桥梁、交换利益相对容易。在某种程度上,这种社会关系结构缓解了不同人群恒定的、基于身份差别的利益对立。

这两个因素的关键作用,是构建新的利益结构,形成新的社会分类单位:有纵向行政等级的、跨阶级差异的团体利益、单位利益、地方利益,这是一种不同于阶级(同质内聚)的"非同质内聚"现象。从政治社会学角度看,这一特殊结构的后果,是分割了社会横向进行组织化联合的动力,从结构上抑制了对抗变革的各种自组织力量的兴起。[1]因此,不同于经典结构主义的理论逻辑,中国的社会变革经

---

[1] 张静:《利益组织化结构:非同质内聚》,载于张静主编:《社会冲突的结构性来源》,社会科学文献出版社,2012年。

验，没有出现结构主义者想要看到的、以自发阶级或社团组织为基础的动员方式，因为这些力量被中国特有的组织和关系结构重新形塑了，它们被现实政体以非正式方式包容进去，"难以产生对抗的动机"①。

（五）基层调解和控制机制

与其他的变革社会相似，中国的高速变革也引发了大量社会矛盾，其中最常见的是资源的新控制权与历史控制权的矛盾。比如城市扩张和铁路建设需要拆迁征地，必然和原土地权利方形成权益纷争，政策的变化和不确定性，更加剧了政策反应型社会冲突的积生。

应对这些问题，基层社会的议事与调解机制再度兴起。和运用警力的"行政维稳"有所不同，基层调解颇似传统社会的宗族长老斡旋活动。很多城市社区出现了"和事佬"工作室、"老娘舅"调解站、"银发"劝导组，不少乡村建立了村民议事会、老乡说理平台、村嫂化解团……这些发展的特点，是运用传统资源——邻居、亲属、熟人、乡贤、老人等社会信任关系，区别于法律的硬性标准裁决，采用更为弹性、民间熟悉的原则化解矛盾。

另一项新生的矛盾控制机制也在发展。它主要由行政力量推动，运用利益制衡的原理，对公职人员和基层党员

---

① 蔡欣怡：《绕过民主：当代中国私营企业主的身份与策略》，第24页。

的"现实表现"评定记分，结果用于增加、减少或扣除年终绩效奖金标准计算，并作为个人任职晋升的参考信息，施加组织压力，对人们的行为进行约束。通过分值设置资料，可以发现新的控制机制强调几项表现：第一，配合中心工作的义务，按照要求积极配合，做好邻里或亲属的工作（比如自己及亲属中无房屋违章违建、无旧式殡葬活动）；第二，维护社会稳定的义务，不参加集体上访，特别是敏感时期不越级上访，不阻挠或影响重点工作正常开展（比如征地、拆迁、新农村建设），不扰乱会场秩序或无故退场，不拒绝签署承诺书，等等。[1] 作为一项新的信息收集和管理制度，这些控制机制广泛动员了社会商业组织（比如商务楼宇物业管理公司）及个人（比如党员、公务员和干部），使之参与信息输送、配合工作、预防冲突和社会治理，目标是做到大小事情不出社区（村），矛盾不上交，尽量将问题在基层就地化解。

综上，中国的社会变革实践证明，渐进转型的巨大动力和稳定性，主要来自调动传统资源、整合社会力量、运用非正式规则，而不是等待正式制度的主动变革。大量社会实践以灵活方式绕过障碍，使正式制度既保持了延续，又不得不作出适应性改变，或者使之名义上存在，实际上丧失效力。中国的社会变革主要不是依靠正式制度的演

---

① 浙江基层访谈；浙江嵊州下王镇石舍村党员先锋指数积分量化对照表（2018）。

进，而是依靠历史路径——特有的组织结构和文化传统，它们有利于社会中不同类别和身份的群体形成广泛的互赖关系，大规模地互换或共享资源，促使社会矛盾分隔存在，零散解决，宏观上缓解了各种冲突的长期聚集。社会中广泛存在的非正式渠道，促进了商谈和私下利益联盟的产生，这成为稳定变革所依赖的社会支撑资源。通过这一方式，国家中心体制与各个社会群体"心照不宣谋发展"的关系——某些方面的利益一致性以及相互的需要——得以建立。这是过去40年，执政之社会基础得以缓慢扩展的基本原因。这种基础性结构的作用，成为社会变革的稳定器，实际上促进了非正式政治整合的发生。

转型理论将变革和体制设定为对立关系，认定体制不可能发生适应性改变，但中国的变革经验，尤其是来自基层的实践，对这一理论提供了补充性解释，解答了体制连续性与快速变革共存的原因。这一补充不仅可以回应上述黎安友的"体制韧性"困惑，更重要的，是揭示了社会变革的多重路径：它既可以沿着对抗——正面冲突的方式，也能以迂回的、避免正面冲突的"名实分离"[①] 方式演进。

---

① 周雪光：《行政发包制与帝国逻辑：周黎安〈行政发包制〉读后感》，载于《社会》2014 年第 34 卷，第 39—51 页。

为何是浙江

——人力资本聚集与微观制度环境*

浙江是一个民营经济大省，民营企业占企业总数的92.05％。全省每万人市场经营主体拥有量为1 520户，平均7个人就有1户市场经营主体，19个人就有1家企业。[①] 在多数地区经济下行的时候，浙江的情况虽然也受市场困境所累，但仍是表现最佳的：2023年新登记市场经营主体116.68万户，同比增长22.42％，其中新登记企业34.86万户、个体工商户81.73万户，同比分别增长22.71％、22.33％。跟中国其他地方相比，浙江呈现持续的人口流入态势，青年为主的新市民群体数量快速增长。据全国最新的第七次人口普查数据统计，在人们所知的北

＊ 本文涉及的在浙江濮院的异地商会调研，得到浙江传媒学院的浙江省社会治理与传播创新研究院主持的横向课题（2023—2024）支持，课题组成员沈林杰、王国勤、陆陈浩然、余欣航给予了帮助。在湖北武汉的异地商会调研得到张荆红和符平的帮助。在义乌的异地商会调研得到何军杰和龚春强的帮助。在此一并致谢。

① 浙江省人民政府新闻办公室：《浙江举行优化营商环境支持市场经营主体高质量发展新闻发布会》，市场监管局张雪林情况介绍，2023年8月15日，http：//www. scio. gov. cn/xwfb/dfxwfb/gssfbh/zj＿13836/202308/t20230818＿752048＿m. html。

京、上海、广东之外，浙江是新加入的对人口流入吸引力最大的地区。[1] 即使在新冠肺炎疫情期间的 2019—2021年，仅在省会杭州市一地，这三年新增的常住人口数量就分别达到 173 万、226 万、256 万。对新进人口的调研数据显示，未来三年计划留在杭州工作的青年人达到 62.6％。[2]

人力资本的流入聚集和民营业态有关。浙江虽然不是经济资源大省，但商贸中心却形成最多。那里不出产皮毛、棉花等物品，却形成众多大型的皮货、针织商贸集散地。各种商品或配件不一定是本地生产，但是浙江与各地成功构筑了产业链，把千千万万个生产企业和全国乃至世界的市场联系起来。这是一种自愿选择，但为什么民营人力资本愿意积聚到浙江发展？人们谈论最多的是就业和产业发展。但经济是一种结果，我们更需要注意的是，为何某种结果——比如有效聚集人力资源——主要在这里而不是其他地区发生。

针对此议题，研究者普遍关注的解释方向有两个：国家制度环境及企业行动策略。在制度环境方面，有研究认为，国家管制的减少和宏观政策的市场化[3]，有利于创造

① 周皓、陈晓雄：《中国省际流动人口年龄模式及其特征：基于省级尺度的类型分析》，载于《人口与发展》2024 年第 2 期。

② 关于新市民群体在杭生活成本的调研报告，2023 年 7 月 20 日，民意互动平台/研究中心上报市政府。

③ Susan Shirk, *The Political Logic of Economic Reform in China*, University of California Press, 1993；林毅夫、蔡昉、李周：《中国的奇迹：发展战略与经济改革》（增订版），格致出版社，2014 年。

人力资本发挥作用的环境；地区间的经济竞争，以及对优胜者的人事晋升奖励，促使地方领导人更看重经济增长[①]，和其他地方相比，浙江不存在对民营企业的歧视[②]。在企业行动策略方面，不少学者发现，当面临不良的制度环境时，民营企业发展出大量非正式策略，以取代正式制度的低效率。[③] 这种状况能够实现的重要条件，是存在一种地方性的"政治—经济共生关系"，它不是基于法律基础上的正式契约，而是一种基于利益交换形成的隐性契约[④]，可以说，具有很强的政商交易性质。

这些研究都提供了大量事实，但两种解释逻辑互相针对、互为矛盾：肯定其一就必须否定另一。比如，如果整体制度环境的确本质上有所改善，为何企业家还要千方百计戴上"集体所有"红帽子、伪装成外资企业、挂靠国有企业、借助地下金融资金等，采用各种办法来绕过不良制度？如果企业需要这么做，那么整体制度环境的改善是否真实存在？这一困惑，使得我们很难理解相互矛盾的证据

---

① Qian. Yingyi, Barry R. Weingast, "Federalism as a Commitment to Per-serving Market Incentives", *Journal of Economic Perspectives*, 1997,11(4):83 - 92.

② Huang. Yasheng, "Ownership Biases and FDI in China: Evidence from two provinces," *Business and Politics*, 2007,9(1).

③ Yang, Dali, *Calamity and Reform in China: State, Rural Society and Institutional Change Since the Great Leap Famine*, Stanford University Press, 1996. Kellee S. Tsai, *Capitalism Without Democracy: The Private Sector in Contemporary China*, Cornell University Press, 2007.

④ 章奇、刘明兴：《权利结构、政治激励和经济增长：基于浙江民营经济发展经验的政治经济学分析》，格致出版社，2016年。

为何都具有真实性。比如，宏观制度各地都差不多，为何浙江的发展独树一帜效果不同？为何其他地方的企业没有发展出大规模的行动策略，对制度环境做出和浙江类似的反应？如果浙江存在政治—经济交易的隐形契约，那么根据私下活动内外有别的互惠性质，它如何能够吸引大量新的人力资源进入，简言之，如何以及为何利用这一隐形合约，能让大量关系之外的陌生人广泛受益？

如果上述各方例举的情况都真实存在，显然分歧不在于事实，而在于解释。一项解释有说服力，方法论上的前提很重要，但这个问题较少受到注意。比如，上述两种解释，在方法论上，都将宏观制度和行动策略的实施，假定为两个目标不同的主体——宏观制度的实施者是国家或者政府，这个主体的目标是管治，行动策略的实施者是企业或者人力资本个体，这个主体的目标是通过生产或者贸易经营寻利。就像猫捉老鼠，老鼠避猫，必须猫不是老鼠，老鼠也不是猫。猫创造宏观环境，老鼠采取行动策略。猫和老鼠不存在共享利益，他们的根本追求不同，所以行动方向有异，甚至相反。

但浙江的故事并非如此。我们可以看到，政府是积极有为的，企业也是积极有为的，两者的行动目的或者称方向，并非总是矛盾的。比如，政府和商家共同推动企业或局部产业与外部市场连接，联通 TikTok/VPN 活视频广告，让外商了解浙江商品，组织企业家和世界商界建立关系①，显然，他们正共同致力于突破与内外部市场的孤立状态。这种状态，猫和老鼠的任何单方面活动都无法实现，需要猫和老鼠共同作为，结果是，创造了一种微观环境。它区别于前述宏观环境的根本特征是，微观环境由所有在场主体的行动创造，单独靠任何一方都不可能。

所以，必须跨越宏观制度与基层行政日常做法之间的距离，探讨具体行动对微观环境的构造。这些构造尚未经过宏观制度的规定程序被写入法规，所以较少能够在制度文本中被明确记载。这种尝试摸索的"实验性质"②，只能通过实践才能观察得到。环境无论多么微观，本质上必须是一种公共品，才能使人广泛受益。在中国，当然政府组织在定义何为正当行动方面具有优势，但是通过创造连接公共的组织化形式，企业家或称社会行动者，也参与了微观法律环境的创造，他们通过各种努力寻找政府承认的制度位置（institutional position），用以改善自身面临的制度环境。

因此，注意基层政府作为的方向很重要。我们看到不少政府很积极，但积极不代表方向符合业界诉求。一些地方政府越是有为，制度成本越高，发展越没有成效，这显

① 义乌企业家座谈会访谈纪要，2024 年 6 月 15 日，义乌侨商大厦。感谢义乌工商联的帮助。
② 章奇、刘明兴：《权利结构、政治激励和经济增长：基于浙江民营经济发展经验的政治经济学分析》，引论，第 9 页。

然不是因为政府懒惰，而是他们有为的方向不对。政府有为是什么作为，对于微观环境起什么作用非常关键。有一些解释政府作为是基于经济核算，说浙江政府有钱补贴，比如金华商品市场的供应商、小微企业有雇工，交易额不低，但地方政府仍然将其定义为个体户，使之满足低收税的标准。这种做法对于留住已在经营的经济体也许有些作用，但无法解释大量劳动力在经济环境起伏的环境下，为何更愿意涌向浙江发展事业。作为研究者，我们需要回答这是为什么。

　　微观制度研究在理论上的意义是，有助于观察中国的制度环境在微观和宏观领域的作用差异。所有经济活动都无法绕开一系列制度许可：私人财产的安全性；经营的合法性；增长限制、比例和规模；对合约的法律执行；对私人企业的法律保护；税收政策导向；能否获得信用和投资；等等。根据对东欧的发展历史研究，科尔奈曾得出结论：私营部门在上述方面都处于不利地位，原因是政治制度无法为民营经济发展提供安全保障。[①] 这显然是在谈论宏观制度的环境。但是进入中国就可以观察到，宏观制度和微观制度的不同效果在浙江特别明显。比如，在宏观领域，高调政治口号往往形成限制作用，使人事事揣摩红线，

---

① 雅诺什·科尔奈：《社会主义体制：共产主义政治经济学》，张安译，中央编译出版社，2007年，第420—423页。

处处畏首畏尾。但在微观领域，高调政治口号往往能提高企业的"红色样板"地位，以致吸引大量公共资金进入。对政府资金进行民间运作，能更有效地吸引省厅项目落地，更大程度地利用政府资源。而浙江的地方官员，也试图通过经济活跃和民间富裕彰显政绩，充盈税收，提升自己的地位。这就可能创造与宏观制度作用不同的微观环境。

那么，浙江究竟是如何行动，创造了何种微观环境，使得人力资本愿意齐聚在此发展产业？我认为有五个原因。

（1）提升规则的共享程度及一体化水平

浙江的很多城市曾经被认为是地方性城市，杭州也不例外。多年前，我的同事曾经抱怨在杭州的经历：对外地人，出租车经常甩客绕道，西湖游船肆意抬高价格，宰你没商量，用社会学的话说就是到处内外有别。但现在不一样了，外来的务工者、上万出租司机、百万商贸城业主、千万游客很少会发现上述情况。市政府针对外来人口推出的政策——"保障住房实惠租、灵活就业公积金、金融产品便利贷、新老市民一齐保、评价食堂进社区、小小候鸟爱心托、技能培训学习券、优享服务一码通、就业信息一张图"[①]，都具有公共性质。这说明，对外来者的内外有别

---

① 关于新市民群体在杭生活成本的调研报告，2023 年 7 月 20 日，民意互动平台/研究中心上报市政府。

减弱了，社会规则的共享性水平上升了。

什么是共享性？就是不同人员、不同企业受到同一对待，活动规则共享，而不是出于保护的考虑，本地资源独享，对外人员排斥。和阶段性的低税相比，一视同仁的规则提供了确定性，对于构建民企的安全预期更重要。具体而言，有几个规则的改进，对于提升资源配置的共享性水平，比较具有实际意义。

一是改进公积金制度。让参加住房公积金缴纳的新市民，取得更多权利：可享受低息贷款、缴存补贴、租房支持、流动人口积分、税收优惠、支付利息等。杭州市委办公厅的研究报告发现，目前面向灵活就业人员的住房公积金政策仅限于缴存和使用，他们尚无法享受缴存补贴、积分落户、税收优惠等政策。故而在省建设厅已经出台的公积金支持实施方案的基础上，建议制定杭州市的个性化方案，进一步降低灵活就业人员缴存公积金的门槛，支持新市民根据实际租金按月提取公积金。此外，杭州还积极探索，利用住房公积金增值收益收购社会房源作为公租房，纳入市住房保障体系，优先提供给缴存公积金的新市民群体申请入住。

二是改进普惠金融制度。让新进市民能够更广泛受益。2022年中国银保监会、中国人民银行出台了加强新市民金融服务的政策，但由于新市民流动性大，他们的就业、医保、社保等信息分散，金融机构难以获取新市民的信用画像。如何获得可持续的普惠金融产品服务，是新市民群体的迫切愿望。浙江研究了这个问题，依托信用杭州建设，力图整合新市民就业、社保、医保等大数据信息，评估新市民个人信用状况。政府鼓励金融机构使用这些数据，分析城市创业人员、新就业者、快递服务人员、建筑工人、家政安保等流动人口的金融服务需求，敦促金融机构采取降低贷款利率、减免服务收费、灵活设置还款期限等方式，提升新市民的金融服务可得性和便利性。

三是改进地方性的医保制度。杭州现有"杭州市民保"和"西湖益联保"两项医保产品，但两者参保的对象范围、既往病症要求、理赔方式有所不同。实际居住在杭州、有国内其他城市基本医保（含新农合）的新市民，都能参加"杭州市民保"，但重大既往病症费用无法报销。而"西湖益联保"虽然可以报销重大既往病症费用，但参保对象仅局限于老市民——浙江省和杭州市职工基本医疗保险、城乡居民基本医疗保险的参保人员，无法满足新市民的要求。所以杭州探索联通"杭州市民保"与"西湖益联保"功能，让基本医保和大病保险等有关数据可以联用，扩大参保对象范围，放宽对既往病症要求，按照"保基本、分层次、供选择、可持续"的理念，推出契合新市民实际保障需求的医保产品，让新市民得到普保实惠。

（2）建立公共通道，促进信息连通

人们都会选择交易成本更低的地方发展产业，而外来者信息不通，找不到可信渠道了解当地情况和政策，和熟悉本地的人相比失去很多机会。针对这一点，浙江各地大力建设公共信息渠道，便利人们了解事项，解决问题——比如热线电话、电视台栏目、村务监事会、街道议事会、人大基层联络点、人民调解组织、共享法庭等。义乌"按照有队伍、有经费、有场所、有制度、有档案、有律师的标准"，在所属的 81 个异地商会、14 个本地商会，实现调解组织全覆盖。[①] 比如一个网约车司机，外地人，在杭州没有熟人，遇到就业合约、子女上学、租房买车、社保关系转移，不知道怎么做，给政府热线打电话就能获得具体帮助。而在他的家乡，办这些事往往需要送礼找关系，拖上半年还不一定做到，在杭州就变得简单，因为有公共通道可以问询解决。

还比如，杭州相关补贴政策较多，但政策分布在不同的平台，流程繁琐，新市民只能自行在小红书 APP、今日头条 APP 等社交平台上寻找攻略。浙江政务服务网（浙里办），操作不够便捷清晰，相当一部分新市民因政策查找难、申领繁琐而失去相应补贴。为了解决这一问题，杭州探索在浙里办、微信端、支付宝端、杭州市民卡 APP 中增设"新市民一码通"应用，打破部门、行业、层级数据壁

[①] 义乌市工商联办公室，义简备 043 号，《义乌工商联工作专报》（2024 年第 2 期），第 3 页。

垒，贯通社保、租房、工作等信息，实现实时在线的行政许可办理、诉求直达等功能，为流动人员提供一站式服务。一无所知的新人口只需输入个体信息，就能精准推送与他有关的政策事项，将"人找政策"变为"政策找人"。外来的年轻打工人，要在浙江找事做，也和本地人一样容易获取信息，买车送货上车号不用排队验身份户口，租房也无需查核社保年限或暂住证。这样的环境使他们很快可以立脚开展业务。公共关联的信息通畅，解决问题的渠道方便，使得依赖高成本（需要情感维系的时间、需要人力物力资源交换、在流动经济条件下不易实现）的私人方式——通过亲朋关系处理问题——的必要性减弱了，在杭州，陌生人依靠公共资源就能办妥自己的大部分事项。

（3）建立基层矛盾协调机制，降低对抗性产生的掣肘

中国是一个地方性很强的地方，在浙江营业的外地人多了，为何没有像很多地方一样，和本地人产生竞争关系和矛盾？我发现不是没有，而是解决问题的机制在基层运转。比如嘉兴濮院服装市场的业主，大部分由外地人组成，那里的异地商会也最多，一个市场就有 16 家行业协会和异地商会。为什么需要成立这么多？因为来自不同行业、不同地区的人汇聚一处，生意竞争矛盾可以由这些商会出面解决。任何一个工伤事故、拖延付款的情况出现，

为了避免陷入双边利益扯皮，街道会首先了解当事人来自哪里，然后迅速联系异地商会的老乡过来，这使得解决问题的速度加快了，各自退让达成协议的可能性提升了。为什么商会老乡来了有作用？因为外地人依赖异地商会组织寻求资源。人生地不熟的外来人依靠商会组织的帮助，就更容易联系律师，更容易找到资金支持，更容易搭上相关产业链，更容易获得信用担保，更容易获得低息贷款，甚至更容易免除法律诉讼，所以他们也愿意服从商会的调解。

这种基层协调机制在创设民间合约方面，作用重要。比如，浙江温岭石塘村，随着一代一代年轻人进城定居，成为一个废弃的海边渔村，很多房子破旧坍塌，但景色优美。一些外地人发现了它的文旅价值，想把老旧村屋改造成精品民宿招客度假。但这么做必须克服现有集体土地制度的障碍：乡村土地和房屋都不能产权易主。于是地方政府的农业局做东，主持村民屋主和民宿业主双方订立"16年临时租用合约"（到期再延），让民宿业主长期开发修建，村民房主继续保有未来产权。合约规定，"即使期间因为不可控原因发生产权变异（这是为了防止乡村土地制度的意外变更），也不影响双方对合约的行使效力"①。这个了不起的约定，在不改变当前土地制度的同时，保障了双方的预期利益：既没有变更屋主的房地产权，又保障了经营

①　浙江温岭石塘村墅野租赁合同，2018。

者得到稳定开发机会。但石塘村民宿取得市场成功后，看到废物变成宝，一些村民希望废除原先合约，更改租金，提升要价，他们和民宿业主的冲突广泛出现：

> 民宿投资人来石塘后，老房子价格十几倍甚至几十倍地涨。陈斌租来的五六十间房，还要整修一两年才能开业。但陈斌和房主们已经多次产生冲突：有的要求追加出租前安装水电表的费用，有的因为内部装修要拆墙体，要求多支付十几万元押金，有的发现民宿每晚上千元住宿费，雇佣律师上告法庭，要求毁约。法庭败诉后他们又找人协商，希望民宿开发者出律师费和诉讼费，一共五六十位房主，只有少数没有提额外要求，不守约定的比例非常高。

> 只要向一个房主让步，就会有连锁反应，所有的人都会找过来，可是，如果我当初没来开发民宿修建老房，这个村早就毁了，都不确定他们的老房子还在不在。①

面对这种情况，农业局组织起民宿业主商会，通过集体谈判保护合约，抑制随时议价，防止了随机性导致的交易成本上升，把民宿企业吓走。没有这种创新和公共组织认可，村民的房产可能未来不保，民宿业主可能不敢投

---

① 律师受访，https：//m.163.com/dy/article/DJ8908HJ0514SHAD.html。

资，废弃的民屋还会被浪费，其宝贵价值无法得到利用，最终还是经济民生受损。

（4）通过特定的咨询渠道，主动邀请民企参与立策立法

这一点最为令人吃惊。因为它们多出现在——基层政府的要报、政企微信联系群、营商环境监测点、企业服务驿站、综合服务中心——被称为涉企问题的"闭环工程"中，极少会出现在正式法律文本上。我们都清楚，在中国正式的立法途径中，民企代表数量很少，他们在提出议案和通过议案方面作用十分有限，所以民企需要的有关立法效率不高，推行效果不佳。这可以解释为何推动民企参与立法，很多地方喊了也不动，不关心是因为大家已经习惯，不信真的能参与立法。

但是在浙江基层，一些不是人大代表的民企管理者，真的参与了修法立法。比如义乌工商联出面，推荐民营企业家出任"营商环境改革观察员"。有关切身利益，他们由不关心、不愿意的被动状态，变成主动发现问题、上报信息、改进政策的监察者。仅仅义乌一个城市，2023 年这些观察员就上报信息 127 条①，涉及航空口岸、物流畅通、

---

① 义乌市工商联办公室，义简备 043 号，《义乌工商联工作专报》（2024 年第 2 期），第 5 页。

批关及时、网关进出、税票羁押问题，等等。义乌工商联实施"政企一线沟通"工作法，邀请经济信息管理局、科技局、商务局、市场监管局、市场发展委等政府部门的负责人进行企业走访，"问计问需，对症施策"，促进在基层解决问题。2023年在义乌，这类的双方见面恳谈会一年中开了7次，收集问题93项，"全部实现闭环解决"。[①] 这种方式使大量实际问题在尚未立法的情况下得到行政解决，同时为新增法条提供了先例。为了激励企业提出政策需求，义乌还专门提高了"非公经济人士在各级人大政协的代表比例"，他们加入市级工商联执委的比例也在大幅度增长。[②]

另一个修法的重要渠道，是政企联系微信群。微信群最初只是一个亲朋好友的私人社交平台，如今还有更强大的作用——有效率的工作联系平台，因为很多公务通过这种私人联系的方式进行。比如近期，在浙江"促进民营经济发展28条"地方法规出台前，政府联系人就通过微信把草案传给有关的民企管理层，询问他们有何修改意见。这种联系方式是一对一的，并不公示，也并非做做样子走过场。我访谈的一个民营教育集团的负责人，真的在草案上

<hr>

① 义乌市工商联十一届二次执委会会议上的报告，《义乌市工商联合会（总商会）十一届二次执委会议资料汇编》（2024年6月），第7页。
② 义乌市工商联办公室，义简备043号，《义乌工商联工作专报》（2024年第2期），第3页。

修改了人才条款——他写上：民企聘用外地教师可以在本地人社局合法备案。而之前受聘民企由于不是公对公调动，教师无法延续此前的身份，影响到他们的待遇和社保。这个立法加项消除了类似担忧，让教师地位不因跨省受聘民企发生改变，保障了他的原地权益得到持续，民营教育聘人也更加顺利。

不同于很多地方把法律政策仅仅是写在纸上，在浙江，解决问题、防止问题的行政风格，使政府联系人会主动吹风，根据新政策、法令提示企业调整，避免违规受查；组织部门的干部甚至会参与原本不属于其业务的民企活动——中国叫作"站台"。由于组织部门在党委系统的地位，看到有他们的人在，大家会感到放心，各种担忧就大大降低了。类似的安排，还可以举出各级政协会客厅的设置——指定政协委员定期会客民营企业家，这种方式，提升了后者的立法建策作用，疫情之后，对亏损民企的减税政策就是在会客厅提出的。

（5）在法律机构之外解决实际涉法问题

2024 年 4—6 月，我在浙江桐乡、义乌和湖北武汉走访了 8 个异地商会组织——濮院温州商会、桐乡湖北商会、温州乐清新生代商会、桐乡河南商会、义乌温州商会、义乌江西商会、湖北浙江商会、武汉湖南益阳商会。这些商会都在当地政府的民政部门注册，接受工商联管理和工作指导，成立之初多数能得到政府的几万元拨款，说明官方对这类商会的成立持鼓励态度。在官方对商会表现的评估标准中，还出现了是否"积极建言修策，参与行业、区域政策制定，反映企业诉求——每次计 1 分"的指标要求①，这从侧面反映了政府对这类社会组织的活跃性有期待，他们会定期撤销不活跃的"僵尸"商会。

我发现，最活跃的是来自浙江的商会，比如乐清商会、温州商会。与别处的异地商会主要是抱团取暖、防止事件、对抗欺负这种关切不同，浙江商会的负责人大量介入法律事务。很多商会负责人的大量工作都和会员单位的法律事项有关，这说明法律协助需求在民企十分普遍。比如湖北浙江商会执行会长兼秘书长说，他的大部分精力都在处理法律纠纷，每个月至少也有 2 至 3 起。② 因为经常参与这类事件，不少商会负责人变成协商中介甚至裁判高手。商会的工作人员都是企业家，并不是律师，但实际上却为民企提供大量的法律服务。这种服务，一般正式的行业协会并不能提供，因为后者高高在上，把自己看成是领导行业发展的行政组织。由于缺少对法律的熟悉，或因成本太高请不起专用律师，大部分中小民营企业经常会遇到法律问题，加入异地商会，可以弥补法律知识和援助不足

---

① 桐乡市工商业联合会（总商会），2024 年 3 月 13 日，《关于开展 2023 年度商协会改革发展综合评价工作的通知》，附录：2023 综合评价表指标。
② 湖北浙江商会执行会长访谈，2024 年 4 月 26 日。

的情况。商会基本都有长期联系签约的法律顾问,他们对会员单位提供免费咨询,如有进一步需要再提供收费服务。

商会在法律之外的服务内容非常繁杂。它们涉及——帮助会员单位催促审核节奏,加快批准程序,以减少企业恢复生产的时间损失;作为中介加入分家析产协调,防止进入法律程序需要耗费更高的财力精力(一个合同官司打下来一般需要2—3年,即使最后赢了,过程中的停工也足以让企业受损);帮助获得合法办业批件的企业,抵御利益方阻挠,必要时利用组织地位,争取上级行政审批,让企业顺利扩展业务;出面到司法机构游说,协助涉案会员"免于法律起诉",降级为警示、劝诫和罚款处理,以避免企业关停殃及员工利益;帮助企业讨要拖欠款,或者获得低息贷款,或者利用快速绿色通道,或者及时获得设备更新政策补贴;帮助企业联系市场监管局询问政策,帮助企业延长税务缴罚期限,帮助企业到扣押部门"捞人",帮助企业了解政策标准,避免不当申报;帮助企业避免陷入劳动法起诉及合约罚款;与银行签订"战略合作关系"[①],使之为会员企业提供贷款融资、账户管理、跨境金融等"量身定制"的金融方案和便捷高效的金融服务;协调会员间资源拆借,回款不畅,在企业面临困境时筹款垫付流

---

① 义乌工商联:《商会动态:义乌市山西商会与瑞丰银行义乌支行建立战略合作关系》,2024年6月21日,https://mp.weixin.qq.com/s/uHhrOOQ2JsHyLRG4GJzt7g。

动资金；等等。

因为可能涉嫌违规，或引发官商勾结投诉，这些活动都是政府人员"不方便"介入的。大部分企业经营都有小瑕疵，如果公事公办走正式程序，很容易使他们陷入违法涉案。但异地商会可以让有关事项在法律之外获得解决，商会的"娘家"工商联也会联系相关政府单位（法院、检察院、信访局、发改局、司法局、生态管理局、行政执法局、证管办、市场发改委等），共同负责，敦促轻罪首违不罚及从轻处罚。[①] 这就为涉案企业避免落入久拖不决的法律诉讼发挥了重要作用。用被访者的话说，民营企业普遍地位卑微，在夹缝中求生存，他们"不是在牢里，就是在去牢里的路上"。商会的活动，可以让他们找到非官方的帮助，在法律的灰色地带求得生存空间。特别是当他们面临公对私的歧视对待时，商会可以搭建和体制的关联，利用中国公务中组织对组织、不对个人（组织有制度位置，而企业家个人没有这种身份）的惯例，使大量民企主有了制度位置，"能（和公家）说上话"，能以更低的成本在法律之外获得保护，降低经营风险。

通过以上分析，现在我总结一下。

[①] 义乌市重商亲商安商育商改革措施，《义乌市工商联合会（总商会）十一届二次执委会议资料汇编》（2024 年 6 月），第 40 页。

浙江成功吸引人力资本集聚的原因，在于创造了有利于业界生存的微观制度条件，它是无形的（并非写在条文中），但为市场经营带来了确定性和安全感，让经营者感到可靠放心，结果可预期，不受到任何恣意变更的影响。这一点使浙江优势明显：让人有业可做、有事可干的制度风险降低了。这种优势不用大喊——你们来吧——就能够促进人力资本的活跃。浙江和其他地方的差距关键，不在于有形的经济条件——比如钱和土地，在很多地方，这些东西即使有也不一定能真正发挥作用，还很容易陷入激烈的分配竞争，而浙江创造安心的微观制度环境，才能真正吸引"人力资本创造财富"①。

　　这种微观制度环境的改进，就是做到几件事：第一，促进规则的公共共享，而不是部分人群独享；第二，建立多种信息和组织渠道，以便于人们获得信息，了解政策，传递利益诉求，解决实际问题；第三，便利当事人通过灵活合约达成协议，绕过一些制约发展的制度障碍；第四，通过各种闭环、走访、微信群的联系方式，激励业界参与关涉自身利益的政策制定；第五，为企业传递合规信号，使之放心发展。在政府人员不方便出面的情况下，利用社会组织，比如异地商会，提供便捷法律服务，降低民企的运营风险。

---

① 托马斯·索威尔，《征服与文化》，蒋林译，中信出版社，2023 年，第 318 页。

创造微观制度条件是一个政治现象，而不是单纯的经济现象。经济发展总是和政治制度的质量密切相关。这一点科尔奈没有说错，但浙江经验贡献了一种差别：在宏观制度由于成本过高很难变化，或者调整缓慢跟不上社会需要的情况下，可以通过改善微观制度有所作为。微观制度一般以解决问题为要，因而比宏观制度更具改变的动力，它的变化成本不高，但依赖基层政府回应实际需要的创新能力。其创新的基本方向，是提升业界对发展预期的安全感和确定性，而不是仅仅服务于政府自己的治理需要——比如加强管控、提高控制效率、渲染政绩等。

我们发现，在当前的大环境下，浙江虽然也难免落入一些实际意义有限的"政府创新"——比如各种"第一"经验模式的推广，但瑕不掩瑜。他们和企业的合作，出现了"政府服务市场"的正向关系，而不是在别处经常看到的"控制和逃逸"对立关系。能否有效激励民营经济发展，大家不是看你怎么说，而是看你怎么做。显然，浙江地方政府不是仅仅控制市场，而是思考什么样的制度环境，使企业不是赚点钱就跑，奉行长期主义生存战略，实现商业利益和公共利益的互利均衡。为此，基层政府建立了大量的私下（主要针对管理者）和公共（主要针对劳动者）通道，使人们可能利用这些通道接触政府机构，解决他们关切的问题。在一些政府不便出面的地方，通过建立其他组织——比如村监事会①，跟踪当事人之间的合约签订、资金往来和业务安全等，以缓解经济竞争导致的相互损害。

这些作为显著降低了发展环境中的制度成本（法律缺位、制度确定性低、信息不通、渠道不明等）。在科尔奈的理论中，这些成本是政治过程的缺失导致的，但是在浙江实践中，却由基层政府的主动行动得到不同程度的纠错和修补。这显示了一种治理观念的改进：从传统治理（将发展视为权力威胁，抑制其力量壮大），变为发展治理（将发展看成政府和企业的共同任务，因此改变自己的角色，从管控者变成协助者）。

这种政治和经济互动方式的变化，不是构建一种互惠的私人关系，而是意味着一种新的公共关系出现。这种关系，是浙江能够吸引企业筑巢的重要原因。这里的吸引力并非仅来自经济利益——比如地价便宜、税点低，而是来自政治利益——基层政府从一个支配者和控制者，转变成问题解决者和公共品提供者。从以前的企业怕政府、躲政府，变成找政府、需要政府解决问题。这些社会需要很琐碎实在，企业几乎每天都遇到，比如和地方业主谈判搬迁陷入僵局，政府是否介入协调；受损单位的补助额如果超

---

① 萧山和武义基层访谈调研，2023 年 6 月。

过法定上限，政府是否允许通过其他途径补齐[①]；民间自办企业的各种手续是否麻烦，批件能不能办成，需要多长时间；有本地的利益群体阻挠谁来调停解决；新生企业水电能不能通上；外地员工孩子能不能上学，他们的家庭住房在哪里；道路能不能修通……

这些问题，很多是首发的新问题，其解决无法等待冗长的立法过程授权，那么谁最有能力解决这些问题？谁最有能力保障民企顺利经营、财产不受损害？当然是地方政府。如果以施加管控为目标，政府就会成为猫，把企业当作老鼠。如果以服务发展为目的，猫和老鼠就会成为合作伙伴。所以在这个实践中真正发生变化的，不是市场行为——它一直是按照市场逻辑运转，而是政府行为——它不仅是管制者，更是一个降低制度成本的创造者、提升经济活力的保护者。在这样的角色下，治理就不仅是管控工具，还是经济激励的工具。如果重点在观察做法而非说法，就会在基层政府行为中发现，他们总是追求一种实际的合理性，这是浙江发展有成效的根本所在。

这是我在浙江多地调研中的观察。作为政治社会学的研究者，我的经验是：从实践中观察，能够发现很多不同于文本的现象。这些现象也许更有利于解释，为什么中国的发展在其正式制度文本中，很难找到合理答案。

---

① 福建晋江调研，2023 年 10 月。

互不信任的群体何能产生合作

——对 XW 案例的事件史分析[*]

论题背景

    在社会学研究中，社会资本对组织治理和公共品提供的作用，一向受到研究者的关注，但显然，不同的经验对社会资本的性质有不同理解。部分学者把社会资本视为通用的公共资源，注重其对公共事务——比如社会发展——的作用；部分学者则倾向于将其视作某种社会关系中的特享资源，注重其对个人的职业流动、商业活动的人际支持作用。后一种看法在华人社会研究中非常普遍。两种看法

---

  * 本文基于 2016 至 2019 年之间的调查写成。研究得到教育部北大社会学研究基地"基层治理：组织、观念与方法"重大项目的支持。感谢中山大学肖滨教授、广东行政学院陈晓运教授对案例调查给予的帮助。感谢首尔大学韩相震教授 2019 工作坊对英文初稿的讨论意见。此中文版对英文版进行大幅度修改。论文以中文初次发表在《社会》2020 年 9 月秋季刊，感谢《社会》期刊匿名审读专家提出的有价值建议。但论文的观点和所述事实，由作者本人负责。论文在此又经修订。

的关键差别有二：社会资本是否以特定的关系识别为条件？它的目标受益者在什么范围？这里的核心问题是，社会资本作为资源在什么范围内可以共享，它是不是一项公共品。

从一些代表性描述可以看到上述差别："我所说的社会资本，是指社会生活的特征——网络、规范和信任，这些特征使参与者得以更有效地联合行动，以谋求共同的目标……简言之，社会资本指的是社会联系，以及随之而来的规范和信任。"[①]"社会资本是嵌入社会网络中的资源"[②]，朋友、同事及一般的熟人，通过他们可以获得使用金融和人力资本的机会[③]；个人可以通过他们的成员身份，在网络或更宽泛的社会结构中，提升获取稀缺资源的能力[④]。但"通用"和"特享"，这两种社会资本的性质及作用类似吗？多数学者同意，通用的社会资本具有正向作用，拥有高水平通用社会资本的社会，更易获得经济发展。[⑤] 而内外有别的社会资本——特点是通用性低、特享性高——在

① 帕特南：《调来调去：美国社会资本的奇怪消失》，载于托德·多纳、肯尼斯·赫文：《社会科学研究：从思维开始》，潘磊，等译，重庆大学出版社，2020年，第126页。
② 林南：《社会关系的类型和效益》，北京大学费孝通纪念讲座演讲稿，2008年，第1页。
③ Burt R. , "The Contingent Value of Social Capital", *Administrative Science Quarterly*, 1997, 42(2):339 - 365.
④ Porters A. , "Social Capital: Its Origins and Applications in Modern Sociology", *Annual Review of Sociology*, 1998, 24:1 - 24.
⑤ 帕特南：《使民主运转起来：现代意大利的公民传统》，王列、赖海榕译，江西人民出版社，2001年。

某些方面也有正向作用，比如推动中国民营经济的发展。有学者发现，存在宗族的地区，可以更加有效地通过非正式关系提供商业信息、实施利益分享和产权保护，因而乡镇企业往往更为蓬勃活跃。[①]

特享社会资本有什么限定性？它无法解决哪些问题？何种条件能够使其向通用社会资本转化？这个问题较少在经验研究中得到讨论。从通用社会资本角度看，如果社会资本受制于局部关系边界，往往难以扩展到更大范围的公共领域[②]，除非先将公共关系转化为个人或者特殊关系——比如社会中常见的认干亲、交朋友、送礼品等。可是，这样建立的"公共"信任与合作，仍以区别使用对象为前提，只不过是先构造不同的关系，激励"被特殊对待"的预期和承诺，性质上还不是通用的、具有公共品性质的社会资本。在社会秩序方面，同样的逻辑，如果部分组织通过寻租和权力机构建立特殊关联，以求获得特别对待，他们之间的高度信任与合作，势必引起其他组织的不信任，导致更大范围的社会资本流失，甚至社会冲突。在这种情况下，社会资本的共享和特享之间存在矛盾关系。

只要是存在社会关系的地方，特享社会资本可以自然

---

① 彭玉生：《中国转型经济中的宗族网络和私营企业》，香港中文大学华南支持计划、中国研究服务中心工作论文，吴慧婷译，张永宏校，2005年。

② 张静：《家庭主义与公共性原则》，载于田中主编：《公与私：比较研究》，名古屋大学讲座文集，2012年。

出现，但如果社会资本的特享性和共享性互为削弱，通用的社会资本如何可能出现？这个问题涉及社会文化环境，令不少人感到悲观。孙中山先生晚年曾经提出批评说，国人崇拜宗族主义……其团结力只能及于宗族而止。[①] 更有学者指出，亚洲传统社会的内聚纽带，以特殊主义的庇护关系为特征（patron-client relations）。[②] 他们观察到，亚洲社会人际关系的广泛度和达高度，普遍比其他社会更高[③]，但公共生活中的诚实与合作水平却较低。在这些论述里，通用的社会资本显然不是一个必然出现的现象。有研究认为，在一些文化机体中，通用社会资本之所以难形成，是因为缺少社会文化基础，与本土的社会结构和观念体系无法吻合。人们找到大量例子来说明，在中国基层，外来的新组织规则，比如产业资本下乡，往往无法获得本地村民的信任及接纳，最后很容易遇到内外有别的软对抗而归于

---

① 孙中山：《三民主义》，1924—1925 年编印，上海红十字历史文化陈列馆藏。

② S. N. Eisenstadt, Louis Roniger, "Patron-Client Relations as A Model of Structuring Social Exchange", *Comparative Studies in Society and History*, 1980, 22(1):42—77。庇护关系——一种角色之间的交换——可以被界定为涉及双向的工具性友谊关系的特殊情况，其中具有较高社会经济地位的庇护者，使用自己的影响力和资源，向社会经济地位较低的被庇护者提供保护和利益，被庇护者向庇护者提供一般性的支持和帮助（包括个人服务）作为回报。参见：James C Scott, "Patron-Client Politics and Political Change in Southeast Asia", *American Political Science Review*, 1972, 66(1):91—113。

③ 采用定位法（position generator）测量通过个人关系所获社会资本的两个特征指标：广泛度，指通往被抽样职业的数目（跨越不同行业建立关系）；达高度，指通往高社会地位职业的路径（跨越不同阶层建立关系）。参见林南：《社会关系的类型和效益》，北京大学费孝通纪念讲座演讲稿，2008 年，第 2 页。

失败。[1]

这里值得深究的问题是：在上述社会文化环境里，作为公共品的社会资本如何可能发生？它必须是外来的吗？它是否可能内生？

有关社会资本的大部分研究都承认，社会资本的存在，可以使有利于发展的制度更有效运转，能够减少人际障碍，降低社会规则运行的成本。这里，研究者把社会资本的存在水平——社会信任与合作程度——作为前提，即自变量，去解释制度运转的效力，认为制度规则需要有与之适应的社会资本文化环境。比如，拥有社会资本、处于强大地方关系网络的权威人物（传统领导人、酋长、宗亲长辈），具备更高的组织动员能力[2]；反之，如果不经过本地精英发挥转化作用，多数上面下来的规则往往流于形式难以实施，无法实现真正的治理效力[3]。这样的论述逻辑，不但给社会资本标注了前定的不可变化属性，而且给社会资本的生长和改进（growth and improvement of social capital）——特别是从特享性转化为通用性——判处了"死刑"，它无法回答，通用的社会资本如何在不利的社会文化环境中出现。

---

① 徐宗阳：《内外有别：资本下乡的社会基础》，北京大学 2018 年博士论文。

② K. Baldwin, "Elected MPs, Traditional Chiefs, and Local Public Goods: Evidence on the Role of Leaders in Co-Production From Rural Zambia", *Comparative Political Studies*, 2019, 52(12)：1925 - 1956.

③ 左雯敏：《基层治理的有效性研究》，北京大学 2019 年博士论文。

解答通用社会资本的内生问题，需要进入特定的文化社会环境，基于事实深挖实践，观察它究竟有没有出现内生，如何内生。这需要在问题意识方面，倒置原先的因果设定，提出问题：如果通用社会资本是嵌入社会网络中的信任与合作资源，那么这一资源怎样通过人的活动得到创造？在互不信任的人群之间促进信任与合作——即社会资本的生长和改进——究竟有没有可能？在分裂乃至激烈冲突的群体之间，发生合作的条件、动力来自哪里？它为什么发生？结果怎样？中国南方的 XW 村案例也许可以作为一个现象窗口，解答这些经验问题。

这一问题的理论价值在于，揭示制度规则与社会基础（观念或组织结构）的关系，特别是规则变革的动力来源，探索社会资本的扩展机制：它的变化更新是通过什么原因、什么途径达成的。我希望透过对本土案例的事件史分析，在中国基层的实践中发现并描述这一机制，以对合作行为的改善——即通用社会资本的内生问题——开展理论阐释。如果这个解释可以成立，悲观就变成希望：通过有所作为的建设性活动，人们可以改进自我治理的规则，构造更佳的社会秩序。

20 年上访村

XW 村地处中国南部 ZCH 市的 SHT 镇，面积约 4 平方公里，600 多户家庭，人口超过 3 000。村民的主要收入来自受雇打工、个体经营和村集体分红。集体分红源于村庄公用土地和建筑的租（或承包）金，根据惯例，这些收益每年年底向村民分发，由全体共享。由于往来几个市区的交通要道从村边经过，借着区位条件的优越，20 世纪 90 年代，XW 村兴起了商业建设的热潮，几个临街酒店和商贸城项目陆续开建。这些项目属于集体资产，村民预期每年的分红会显著增加。

实际情况却困难重重。20 年来，无人能顺利经营这些资产，因为酒店和商贸城的出租或承包，总是被对抗打断：村民对征地拆迁、物业出租、工程承包、收益分配等各个环节的质疑不断出现。问题逐渐积累，发展为群体对抗：村民阻止干部就任和承包商进入屡屡发生，到各级行政部门的上访活动此起彼伏。自 1994 年开始，这样的对抗持续了 20 多年，XW 村的干群关系紧张因此远近闻名。

村民不满的理由有二：一是政府征地的补偿款去向不明。有村民回忆："当时修路建经济开发区，向我们村征地 1277 亩，补偿标准是每亩 1.5 万元，但补偿款没有分给村民，返还地到现在都不知道在哪里。"二是宅基地交易不公平。当地设立经济开发区后，村里土地价值倍升，有约 60 间大小的宅基地向村民售卖，"房子价格都一样，但村干部和他们的亲戚把最值钱的好地——靠近开发区、十字路口、公路边的——都先占了"①。旧问题没解决，新问题不断出现。20多年来，村民上访从乡镇、地县、市委、到省委及中央，层级不断上升，投诉焦点都集中在村庄公共资产的使用和分配上。围绕公共资产、资金的处置，村里形成了势均力敌的两派，不同的村干部各执一派，双方都有不少村民支持。

对立的两派和宗堂关系的吻合度很高。XW村民多数姓郭，历史上应为同一宗亲的后代。但同姓无法造就团结，两个派系的利益组织化，沿着郭宗的两个"堂"展开，两派各有自己的核心人物出任干部，受到本堂村民的拥护与追随。出于"维护平衡"考虑，上级默许他们轮番当村干部。但谁上台，都将好地、好机会分给自己的堂亲，另一派不能接受，因而凡是新班子就任，就是新一轮干群关系紧张的开始：一个堂的村民对抗另一堂的干部，试图夺回公共资源的控制权。如果双方各有人进入班子，一定是互相拆台，无法配合。

自己人不行，外来人可否？乡镇两次尝试下派干部代职村书记，他们个人和村庄利益无涉，但都无果而归。原因是村里没有人听他们的，村民仍然团结在两个堂派周围，外来者根本无法掌控。结束不了两派恩怨，村集体资

---

① 村民访谈，转引自陈晓运、张文杰：《乡村有效治理：广东案例》，广东人民出版社，2021年，第38页。

产的承包出租长年无法实现，每到年终，干部只好依靠卖地来分红，可是这样公共资产不断减少，又导致村民新一轮的上访……多年来，XW村一直在这两级中来回摇摆，持续展开拉锯战。

XW村堂派斗争长年不断，但历次性质雷同：村民抗议"坏人"当权，把大量的致富机会给自己的堂亲，令其他人吃亏。于是他们把对方赶下台，推拥自己堂派的人上台，折腾几年，再被对方以同样方式搞下台……对抗周而复始，换人不换规则，导致你上台我反对，我上台你反对，两边村民结下深怨，互不信任。1999年第一届村委会干部直选，两派都要推自己的人，相互怀疑对方有暗箱操作，引发冲突暴力升级，政府不得不派出400名警力"维持秩序"。2000年，新任市委书记入村调研，被愤怒的村民围困三天，声称不解决问题就不让他返回市区。2005年第三届村委会主任当选后，上一届干部拒绝移交公章，新班子工作三年，"光要公章就花了一年半时间"，最后只能向政府申请，重新制作了一枚。一位知情者说：

> 我当十几年处长啦，到XW村可不是一次两次了，每次去工作都差不多，就是把到省委上访的村民送回去。[1]

---

[1] 广东省民政厅退休官员访谈，2014年，转引自陈晓运、张文杰：《乡村有效治理：广东案例》，第50页。

村里的尖锐对立没有给任何人带来好处：公共物业无论谁经营都有人阻挠，已经签约租用的客户，对付不了纠纷困扰，只好放弃经营。村集体资产长年闲置，难以派上用场，但任何决策都难产：人们逢会必打，打而难决，决而难行，行而受阻。二十几年来，XW 村因此陷入"发展困境"，基层治理成为难解的死结。

尝试新规则

2014 年年初，一位在外经商的年轻人 G 回村发展，他文化程度虽然不高，但多年在外地城市从事贸易，算得上见多识广。游历于市场的商业经历，使他了解资产的价值，知道合作才能产生效益，但如何让村里积怨很深的两派坐到一起是个难题。G 和同学聚会聊现状，大家都为公共资产的浪费感到可惜，有人鼓励 G 竞选村委会主任，让年轻一代出来改变现状。

G 在 XW 没有亲戚，家族成员全住在外地经商，在村里时间很少，没有介入派系斗争，因此他在村里没有历史负债和利益纠纷，"比较干净"①。2014 年 1 月，G 获得八成五的选票，成功当选村主任。他一上任就提出方案，希望快速开启村庄资产的承包出租，但在两派交恶的情况下，如何让决策获得多数村民的认可？有律师同学建议他

---

① 乡镇干部访谈，2019 年。

"自我放权"，运用合约代替干部自己决策。

他决定试一下。回到村里先装修了一间大屋，挂牌叫作"村民议事厅"。全村 600 户人家，根据家庭人口多少，平均每几户出一位代表，形成 69 名议事代表。议事会议由村两委召集，除了发言席和代表席之外，还设置了监督席、列席和旁听席。不是村民代表的支部委员及合作社主任可以列席，他们有提议权和议事权，但没有表决权。议事会议不定期举行，议题有时是两委给出，有时从村民微信平台中选择，凡争议最多、意见最大的事儿一律上会商议，通过代表辩论和投票决定方案。三分之二代表拥护的方案就算通过，所有代表须当场在投出的方案上签名或按手印确认。决议案经法律顾问审核后公示，议事过程视频在微信平台同步播放，所有场外村民，都可通过手机观看会议进程。《XW 村议事规则》写明，决议案一旦通过就成为最终决策，由村两委负责执行落实，"任何人不得擅自改变或另作决策"[①]。

作为村公务的决策平台，XW 村议事会的议题涉及：村发展规划，议事章程修订，经济项目立项及承包方案制定，大额资金使用分配，集体借贷举债及资产处置办法，村土地、房屋租赁，电力、水利、道路、管道铺设等经费筹集，建筑承包，宅基地分配，土地补偿分配……总之，

---

① 《XW 村议事规则》（打印版），2015 年。

凡涉及集体资产、村民关切的事项，盖拿到议事会商议表决，用议事决议制定政策。

这项前所未有的改变，开始并不顺利，因为两派继续打闹不断：有抢夺麦克风的，向对方投掷物品、泼洒液体的，责骂发言人的，损坏会议设施的，阻挡其他代表进场的……对于这些做法，《XW村议事规则》借鉴了足球比赛的处罚制度：对代表的不当行为发牌警示，累计被举两次黄牌或一次红牌的代表，暂停一次表决议事权。[①] 不少代表需要时间来适应新规则，因为他们已经习惯了通过非正式渠道或者宗堂关系私下筹划，而非通过正式平台公开讨论问题。很多人对坐下来合作、给对方的提案投赞成票，抱有极大抗拒。

但在议事规则的强力作用下，渐渐地，各派代表都意识到，在众目睽睽之下，要想成功连任代表，就得成事而不是败事，他们必须变得具有建设性，而不是搞破坏。代表们逐渐认识到，打架不如注重发言，必须改变习惯，从桌下到桌面，从背后到台前，从谩骂到说理，才能说服他人赢得投票。由于规则是中立的，黄牌约束不看派系只针对行为，村民代表对于新规则的适应比想象的快，加上场外村民的跟帖议论压力，各派代表逐渐学会了自我约束。几轮议事下来，他们发现对抗不能解决问题，还有损声

---

① 《XW村议事规则》，打印版，2015 年。

誉，两派打架的热情渐退，派系掌控局面的无力感开始出现。尽管争论仍然激烈，但两个"堂"的人终于可以坐在一起会商了。

从 2014 年到 2016 年年初，在新规则实施一年多的时间里，XW 村成功召开过 16 次会议，讨论议题 38 项，表决通过了 29 项，否决了 1 项，争议太大被搁置的（未形成决议）有 8 项。在通过的 29 项决议中，有 23 项得到落实办理。虽然不是百分之百的议题都形成了决议，但显然可以看到，在不到两年的时间里，XW 议事会召集的频率非常高，解决的问题相当多。有了和平达成意见的办法，因纠纷而闲置多年的集体资产终于一项一项被重新盘活。公共资产有了收益，集体收入提高，村里用于年金分红、老人福利、环卫绿化和治安设施的投入逐年增加。

看到这样的成果，村民对村两委的评价显著上升。经议事会讨论的项目，出现了前所未有的满意度。对此干部高兴：因为多年的上访村实现了零上访，自己不用再担心"被黑"；村民也高兴：因为村里大事的决定结果放在明处，自己不用再担心"被坑"。村两委惊奇地发现，议事决议的正当性很高，决议案的办理和执行过程无一遇到村民阻挠，在过去 20 年中，这种状况从未出现。这些经验让村干部明白了，村民的信任与合作，不是来自干部有决定权，而是来自干部对公示规则的遵守，对代表所投决议的执行。比如有商人私下找村主任要求买地，他苦笑着说，

"我不是老板，说了不算，得议事会通过，要不村民会找你闹事"①。

行为改变

议事会的成功运转，带来几项重要改变。

第一，持续二十几年的上访消失了，这受惠于决策规则的更新。在新的规则下，议事会是决策机构，村两委成员则是决策的执行者。干部和村民代表都可以提出议案，但要使之成为决策，只有通过议事表决。这意味着，决策主体从少许干部（或堂派代理人）转变为代表机构，决策权从个人向多名代表组成的新型组织转移。干部的角色成为召集人而非单一决策人，对其垄断公共资产的怀疑大大降低，村民代表对公共事务的处理责任却提升了。"原来我们很头痛，因为没有人愿意做代表，大家不关心谁去做，没人愿意花时间开会，选个闲着没事的阿婆去就算了。现在看到代表可以决定这么多事情，都争着做代表，最近村里的代表数已经从 69 个增加到 85 个。"② 村干部普遍感到，个人私下决策很难，因为"那样做就会引发众怒"③。而议事会避免了众怒，村民有了说理和参与决策的地方，多年的上访告状也随之消解。

---

① 村干部访谈，2016 年、2019 年。
② 乡镇干部访谈，2019 年。
③ 村干部访谈，2019 年。

第二，人际信息传递的方式改变。信息传递从私下议论转变到公开宣示，全程可视频围观；信息交流从宗堂圈子内部转变到公共领域进行；村民从微信平台获得提案的信息，从观看议事视频证实信息的真实性，从戳满代表手印的决议案张贴栏查验最后结果，不需要再到处私下打探。通过观看辩论，村民得知了多方事实，对比纠正了不实信息的误传，私下传递的消息逐渐失去可信度，从前那些基于单方面信息的争斗，逐渐就失去了动力，这大大削弱了宗堂垄断信息的力量。

> 访问员：你对议事会有什么期待？
>
> 村民：是畅所欲言，有什么问题可以提出来，可以表达自己的意见了，事情摆在议事会，大家一起表决，结果都能看见。有什么事情发到群里，讨论很激烈的。[1]
>
> 访问员：你想不想做代表，有没有这个想法？
>
> 村民：能选上肯定愿意做啊，大家知道你在议事会做事，有事情都会找你说。[2]

第三，任何通过庇护关系获得公共资源的难度都加大了。和以前的决策机制不同，议事会代表来自600多个家庭选出的委托者，难由任何一派掌控。村民集聚意见的主

---

① 村民 Z 访谈，2019 年。
② 村民 C 访谈，2019 年。

要方式，从内外堂派的亲疏有别转变到通过85个代表联系的家庭。代表之间由堂内的庇护等级关系变为一人一票、权责对等，加上议事过程视频公开，村民都盯着决策如何形成，在多人眼睛的监督下，若要影响85名代表乃至他们背后的600多个家庭，就得在议事会上公开说服他们。任何绕开新规的做法，技术难度都明显加大。

第四，在利益组织化方式上，根据派系关系投票、通过堂派忠诚形成互惠同盟的动力被削弱。代表立场多数符合委托他们的家庭的立场，当多种意见、利益和理由公开碰撞时，私己利益很容易成为少数派——比如有占用村里公房公地者，因为赚钱不想交出，就很难获得同派系其他成员的公开支持，因为这样做有伤体面，容易被人当作侵占利益者的帮凶，遭到嘲笑甚至辱骂。这类情况教会了村民如何做代表，他们逐渐认识到，"帮亲必须有理"，任何个人或团体的利益需要，只有符合多数人承认的公共价值，才能赢得人心。虽然代表中的私人关系仍然存在，但是血缘派系对于公共事务的影响作用明显降低。

第五，当权者控制资源的机会减少。例如，XW村有3座烂尾楼，已经20多年无法开发利用，旁边有个楼盘要开发，开发商看到机会，找了很多关系，包括宗堂派系，给村委会施加压力，要求把烂尾楼卖给他重新开发，3万平方米开价800多万元。这项交易如果成功，可以增加村庄的可支配资金，但村委会知道不能独自决定，只能向议事会提出提案，邀请开发商列席，向代表说明情况。他们双方合作，竭力讲述卖楼的好处和价格优惠，但经过村民代表的激烈辩论，最终还是否决了村干部的卖楼提案，只同意出租。很明显，议事会阻止了公共资产易主外流，这表明，和村干部相比，村民代表有更大的意愿保护公共资产。但从前，他们需要到开发工地阻拦，通过激烈对抗或上访告状实现目的，现在则成本更低，可以通过议事会辩论，预先防范错误决策出现。开发商由此明白，找关系也帮不上忙，"由议事会决定的事儿，以后才不会再有村民阻挠，比较简单"[1]。

就这样，以堂派为中心的利益组织化力量被逐渐瓦解，XW 村持续多年的恩怨冲突消停下来，派系夺取决策控制权的动机悄然减弱。在我们访谈两派代表人物时，这些昔日剑拔弩张的仇人，如今感到不好意思谈起这个话题。在 XW 村，人还是那些人，事儿还是那些事儿，但新规则立起来了，结果就大不相同。村子没有乱，相反倒更加稳定了。表面上，干部的权力减少了，可是他们赢得的尊敬却增加了，威信也上升了，村民对他们的工作配合度更高了，村庄治理反而变得更容易了。上级行政原来最担心的两件事——社会不稳定和损害党的领导——在 XW 都没有发生。新的规则实施仅一年多，XW 就从远近闻名的

---

① 农业开发商访谈，2019 年。

"问题村"，变成了省级民政部门挂牌的"文明示范村"。

原有规则为何式微？

如果说，议事会的运行改变了原有的行为方式，促进了合作这一通用社会资本的产生，我们需要探究：为何议事会出现？特别是，为何它会在 XW 的这个时点出现？

一个常见且容易的回答是，因为个人，G 姓村主任，XW 有了一个好的带头人。是的，表面上看，所有的变化都是在 2014 年新班子上任之后发生的。但如果过度依赖个人归因和偶然性答案，结论就只能停留在找人或等人出现，而不是主动的规则更新行动上，更看不到一系列系统性变化的深层推动力——问题和危机的存在。在 XW，是旧方法多年应对问题的失败，促使村民——包括村主任 G 个人——决心尝试替代性规则。

中国南方的很多村庄，由历史上的单姓村庄发展而来，其社会组织结构的核心在宗堂，宗堂是联结家庭和社会关系、提供公共品分配的组织机制。人们依靠这种社会组织建立联系，形成利益共同体，获得信息、资源和机会，并通过宗堂协调一致，获得相互依靠的安全感。作为利益内聚的组织化单位，堂派伦理十分重视维护血缘纽带，其内部结构类似等级庇护网络，以堂亲辈分作为识别对象，福利、信息和规则内部共享，但亲疏有别，其目标是发展壮大宗堂，维持竞争地位，保护并集中资源，最大限度地照顾本堂宗亲，提升他们的生存能力。

这一组织结构具有天然的血缘共同体意识，其持续的稳定性依赖有效性——有能力动员力量，保护、争夺和分配资源，提升本堂成员的竞争力和安全感。每当面对挑战时，宗堂往往通过纠集血缘力量，摆平利益纠葛——通常是堂中地位较高者斡旋，必要时组织人员械斗（历史上常见），或者组织上访告状（当前常见），来削弱并制服对方。堂亲成员间的信任与合作具有天然性，这种丰厚而特享的社会资本，通过特定的社会结构获得巩固、协调和不断再生。XW村的社会结构与此相似，他们多年都以这样的方式产出决策、解决问题。

但其效力在新环境下遇到危机。新环境具体如下。

首先，经济要素价值变化：村庄公共资产——土地和房产——的商业价值不断提升，远远超过了原先的使用价值。比如，如果村庄的土地承包给农业开发商，房产承包给乡村旅游产业商，远远比村民自用获得的收益高。这些变化要求能够发现这些价值变化的人——农业企业家——的出现，从村庄整体的发展目标出发，利用集体资产，捕捉商业机会，组织生产和经营活动。村里有很多集体土地和房产，这是旧事实，但在经济要素价值变化后，如何让它们产生村民可以共享的新收益，是新问题：

> 我们这个村房子很多，都是比较空的老房子，没

有什么价值，七八十年代盖的房子，占地很大，土地不能连成片。以前许多村民不理解，开发商想开发也动不了，动不动就把人家围住，堵着工地不让施工……这样是很浪费的……想想看，村里店铺的租金从一年九万多元涨到七八十万元，大家都看在眼里，再不解决问题，大家都是受害者。[①]

其次，有乡村改造发展基金可利用：国家下拨到乡镇发展基金 500 万元，推动旧房改造，建设"美丽乡村"。但规定不能用于村民补偿，谁改造谁就有资格用，"村民有意见自己协调，矛盾搞不定就不干，资金收回"[②]。

显然，XW 村不再是一个内向型经济体，它实际上卷入了更大的市场体系，成为其中的一部分，和外部市场的各种行动者及其目标——包括政府、商人提供的机会——碰面。这种卷入，在 XW 不是迫于吃饭所需，而是追求更高效地利用资源，他们必须成为一个新的整体，解决将土地、房产资源有效转化为收益的新问题。

由于中国乡村土地村级所有又分散为农户使用的性质，个人不能随便处置或买卖，所以，即便农户把土地闲置，企业家希望承包，农户也不能个人决定，因为他只有使用权，土地所有权在村集体。而村集体要顺利出租，又

---

① 村委会主任访谈，2019 年。
② 乡镇干部访谈，2019 年。

必须征得每个使用农户的同意，这种土地制度使成片经营开发的成本提高：开发商必须一家一户的和农民打交道，还需处理收益增长后农民的集体毁约问题（多地的经验调查显示，当市场价格变化，农民发现自己的利益受损后，他们通常会团结起来这样做）。为了降低这种对抗行动的风险，企业家通常的做法，是私下承诺给干部个人好处，先让地方政府或村里干部认为值得做，再由他们出面摆平村庄内部利益矛盾，而后和干部签约连片土地。这类项目通常可以带来更充裕的公共资金并由干部支配，所以缺乏资金的乡村干部很愿意这么做，但他们必须有能力"搞定"村庄内部的冲突。XW 历史上的一些干部折戟栽倒，原因是他们把好处分享给自己的支持者群体（宗堂），结果不断激起冲突，致使发展项目在对抗中搁浅。

　　访问员：你们为什么选择在这里投资？

　　葡萄园代表：公司在前期考察过许多地方，最后定在 XW 村……最重要的是这里有议事会，我们不用直接和村民接触，可以避免很多不必要的事情。

　　访问员：比如呢？

　　葡萄园代表：我们租地付了租金，但不负责赔偿各家青苗，我们公司没有这样一个条目，可是村民会觉得自己有损失。我们就和村委会沟通，通过议事会和村民代表商议解释，最后顺利解决了这些事情。①

访问员：如果没有议事会，你们这个项目能谈成吗？

葡萄园代表：放到以前是困难的……我们肯定要脱层皮，合作成本很高。当时的村干部与某些官员的关系不清不楚……打官司还是后台硬的人赢。村干部把一些好地霸占了，很难连成片，可我们有自己的整体规划，分散的土地不好开展种植……我们发现，村官具有流动性，他不可能当一辈子村官，但议事会这个组织是稳定的，所以我们更希望对接一个组织，来增加合约的安全性和稳定性。②

企业家很简单，哪里交易成本高，达不成统一意见，他们就放弃开发，另选他途。但只有企业家有能力把村庄资源和外部市场需求联系起来，使之产生更大的收益，如果企业家选择离开，就等于 XW 村"没能抓住机会"③。

这些情况的变化，超出了 XW 村宗堂决策所能处理的容限，面对新问题，堂派共同体协调能力的局限凸显出来。首先是目标的局限，当目标从财产占有变为发展，堂派善于保护但穷于开拓的问题彰显出来。其次是经营知识的局限，堂派决策者多为长者，长期在家务农，对外部市

---

① 葡萄产业园企业代表访谈，2019 年。
② 葡萄产业园企业代表访谈，2019 年。
③ 村委会主任访谈，2019 年。

场经济所知不多，对如何让土地产生更大的价值缺少经验。最后是信用控制局限，谈判不是找亲戚，无数教训说明，如何选择优异的经营者，超出了堂派擅长的血缘关系识别标准。

更重要的是，要加入这场竞争，村庄在整体上必须成为一个类似合作社的"企业"，但堂派组织的分散性、自利性和庇护网结构，都妨碍它做出整体而长远的抉择。比如，用什么机制去协调600户村民家庭的意见？过去20多年的冲突表明，XW村的原有组织结构，在促进整体合作方面无能为力，它的作用是低效失败的。显然，在新的情况面前，旧的决策规则面临危机，而特享社会资本无法发挥建设性作用，出现了对通用社会资本的需求环境，迫切需要革新（be reformed）。

建立公共关系和伦理

上述危机冲击了以堂亲为中心的社会结构，使之能够提供的确定性和安全感越来越少，基于宗堂血缘纽带的忠诚逐渐松动，在新一代村民中，超越堂派的公共利益之伦理地位在提升。这并不是指村民不再承认血缘关系，也不是亲属之间帮忙互惠的私人义务消失，更不是指堂亲内部的特享社会资本被抛弃，而是指作为一种处理公共事务的组织角色，宗亲网络对于公共品提供、公共财控制等事务的影响日渐收缩。如果村民需要解决和自身重大利益有关的公共问题，他们更加依赖议事会而不是宗堂的作用。这意味着，特享社会资本对于公共事务的"资源"含义下降了。

比如，在 XW 议事会得出决议，土地外包转租给葡萄种植商后，一些坚持"祖上田产用途"的宗堂老人反对出租，但他们只能做自家土地的主，无法奈何多数村民的决定。几年下来，两者的土地效用和收益差别越来越大，观念冲突不断动摇着宗堂老人的权威地位。还比如，2018 年议事会投票决定，村民必须交回历史上占用的公房和土地，进行环境改造和绿化，一户老者使用多年拒绝上交，凭借自己年长资深，面对议事会的决定，他很生气地表示："我就是不交，你能把我怎么样？"村民看了视频议论纷纷，指责他无视大家利益的声音越来越大，舆论压力传递到老人的子女，他把老爹接到村外自家暂住，让村里借机铲平并收回其房后的占地。老人回来发现后当街大骂，要去找议事会算账，他的子女说，"你就找我算账吧，是我叫他们收回的"。

显然，议事会规则受到多数村民认可的原因，是它建立了非个人的（impersonal）公共伦理标准，这个标准具有抽象性，针对行为而不是对象和关系，这和宗亲伦理一向重视的人伦与关系逻辑有所不同。在两者发生冲突时，这位本可以帮助父亲找人算账、至少应该保持沉默或回避的年轻人，用实际行动作出了选择。当血缘关系不再能提供有关未来的庇护和安全时，以辈分等级为中心的宗堂伦理，对于年轻一代的影响力逐渐弱化。

> 访问员：议事会成立后，家族的活动如何？
>
> 受访人：少了很多。以前家族是很重要的，因为利益在少数人手里掌握……议事会斩断了利益链……现在利益均匀了，大家的利益大于家族利益了。[1]

任何新规能够实施，在中国的体制下没有上级的首肯不行，XW 的规则变化是不是上级有意要解除宗堂的控制权？否。如果宗堂力量和体制根本对立，在 XW，它就不可能实现持续多年的"轮番执政"。但为何在这一时点乡镇改变了态度？原因是在 20 年上访面前，他们愿意尝试一切有助于消除组织化不满的办法。因此，新尝试和上级希望维稳的动机不谋而合。尽管新规则不是上级推动制定的，和原来的行事原则大相径庭，但乡镇组织采取了静观效果的态度。当看到上访有减少、秩序稳定有提高后，他们甚至听取了村委会的建议，用特定的行政操作协助其成。

乡镇的做法，一是选择默认，如果议事会成为村民认可的决策平台，他们就愿意接受这个"试点"。在议事会办法实验有效后，G 在 2018 年被发展为共产党员，同时被

---

① 乡镇干部访谈，2019 年。

提名为乡镇干部后备人选，他的身份从此正式跨入体制内，议事会也有效防止了"脱离党的领导"的风险，此谓吸纳。二是选择协助，为了原来的"带头人"能顺利退位，他们在乡镇被安排了荣誉职务[1]，摘掉了宗堂老人插手村里事务的职务帽子，此谓挪位。这些做法提示了一个发现：XW 规则的改变，由于带来了基层秩序的稳定，和已有的行政体系并非完全无法相容。

讨 论

XW 村的实践为何重要？它提供了哪些有关社会资本的知识？

这个案例提示，作为一项社会资源，特享社会资本可以从自然的社会关系中产生并维持，但通用社会资本不行，它的产生和维系需要一定的制度条件——依赖公共规则的更新获得生长。在 XW，新的规则重新配置了（有关集体资产的）决策权结构，在村民之间建立了与以往不同的新型公共关系。这一点，是通用社会资本——村民更大范围的信任与合作——得以出现的基础。

这一变化始于尝试新规则的行动，具体内容包括政治选择（微信动员村民、改变决策规则）和组织改进（议事

---

[1] 陈晓运、张文杰：《乡村有效治理：广东案例》，第 40 页。

会沟通平台、建立公共关系）。这些改进并非自然生发，而是在内向型村庄与外部市场接入的条件下，出现新的焦点需求、积累了危机时发生。当村庄和更大的经济网络连为一体时，村内原有的内部资源需要和外部的要素——资金、经营者和市场——建立竞争性的选择关系，村庄共有财产才能够顺利增值。

这只是初始条件。XW规则改变的内生动力，还在于有棘手问题需要解决。对这些问题的回应方式很重要。拥有特享社会资本的宗堂体系，以熟悉而固有的组织化手段，竞争资源控制权式的回应，激发了拉锯式冲突，问题却没有解决。XW如同很多面临类似问题的村庄一样，20年受到冲突的困扰，没有发生重要变化。直到人们认识到旧方法解决公共问题的局限，以新方式回应问题的动机才出现。2015年以来的变化，完全依赖新决策，对原有社会资本（宗堂信任与合作）的依靠甚微（甚至——从结果而非动机的角度看——瓦解了它影响公共议题的作用）。应该说，这个时候，XW的通用社会资本很微弱，人们猜忌、对抗、互不信任，更不要说合作。但这种状况并没有影响新规则落地，相反，新的规则实践促进了通用社会资本的生产：对立村民之间的合作，在议事会运行之后，得到前所未有的扩展。因而，不是前在的特享社会资本发挥了效能，恰恰是它回应新问题——经营公共资产的决策危机——的明显失败，使人们寻找替代性办法。

和我们经常在基层看到的情况不同，XW的新规则不是设计在纸上，而是付诸行动。人们从组织结构入手，通过改变决策权的分配，解决了持续多年的决定难产难行问题。对于XW村而言，这完全是一项新尝试，它和原来的村民代表大会制度形近但质不同。两者的关键差别，是后者在实践（并非表述）中并没有真正触及决策权的分布结构。村民说，"以前代表开会只是来听村委会的决定，现在开会是自己在做决定"，人们发现，是新规则使自己"真正有作用"。[①] 这是新规则的真正不同之处，在所有参与者之间，建立起新关系及行为标准，降低了猜忌和担心，合作才有了发生的基础。所以，规则更新是通用社会资本生发的源泉和保障，而不是相反。

在XW，经过少许适应阶段（早期的吵闹），新规则比想象中更快地获得了广泛支持。它虽是新的，却没有出现普遍的观念排斥，在我们的访谈中，村民很少有人认为它不如从前公正。这一点，使得议事会具有了从前一直缺乏的决策公信力，而公信力进一步促成了冲突群体之间的合作，社会资本得到建设性扩展。

为何新规则没有像很多其他下推的做法一样，陷入不接地气的形式表演？原因是它和大家真正关心的事相联系。XW议事的所有议题，都与村民利害攸关，符合他们

---

① 村委会主任访谈，2019年。

的关切。与要求"配合"的形式化过场不同，符合村民的需要，是参与者由被动变主动的关键。村民相信议事会，"是因为规则公开，内容他们关心，大家坐下来协商，微信平台监督，过程人人可见，我们坚定执行"[①]。显然，与特享社会资本不同，通用社会资本中的信任对象，不是具体的个人，而是共同经历的公共规则制度。

有一种制度观假定，在特定的文化环境下，制度变革是被动适应性的，它是外来、不是内生的，往往和本地观念相冲突，缺少社会基础。但 XW 案例表明，制度变迁更典型的特征，是竞争性、内生性和变革性，其中的实践者可以通过选择重塑规则，调整权利配置、改变力量对比、绕过原来精英（宗堂长老）、动员更多的行动者（85 位村民代表及进入微信平台的村民），建立新的支持者联盟，从而使之前的惯例难以发挥效用。如果对照埃莉诺的公共治理理论——她利用外部经验总结出的三要素——制度供给、可信承诺、互相监督[②]，我们可以发现，它们在 XW 村都出现了。这三点在 XW 的表现形态，分别是议事规则（制度供给）、决议手印确认（可信承诺）、视频直播和结果公示（互相监督）。可是在 XW 村，没有人事先了解或被灌输过所谓"公共治理理论"，也没有外来人员培训村民，

---

① 村主任访谈，2019 年。

② 埃莉诺·奥斯特罗姆：《公共事物的治理之道》，余逊达译，上海译文出版社，2000 年，第 6 章。

XW 村孤立的实践同样产出了类似的知识。如果说村民有"模仿学习"的范本，那就是常规合同签署和足球比赛规则。

这说明，无论中外西东，寻找方法回应和解决问题，是规则变化的源泉。XW 支持新规则的社会基础，来自其解决实际问题的效力。在新规则形成之前，个人（比如新任村主任）的推动也许是重要的，但规则一旦实施，系统化的相互制约就超越了个人作用。我们看到的一系列变化——冲突群体之间的合作行为出现、对抗减少、决策产出和执行顺利性提高、干群矛盾降低、通用社会资本开始生长等——很难说是个人协调的作用。最典型的例子，是普遍的承诺信用提升：针对议事会的决定，所有的实施过程未再出现任何一派的村民阻挠。这显然不是 G 的成功劝说阻止了两派村民互斗，而是上述公共规则系统作用的结果。

这个新规则的基本作用，用研究语言表述，是建立公共关系替代团体关系，使公共资产处理的不确定性——信息隐匿、圈内互惠、结果未知、极易引发猜度和控制权竞争——变得较为确定可期。用通俗语言说，就是两边的村民都感到看得见、能说话、可放心。这是 XW 冲突群体间信任与合作得以出现的原因。

这是不是通用社会资本的增长？也许人们会说，人际信任与合作需要较长时间积累，因为它依赖对人——信任与合作的对象——的了解，了解需要历史、时间和经验。所以短时间内形成的合作，不一定意味着社会资本的扩展，比如 XW 村主任 G 一走，两派可能继续开打。这种对社会资本的认识，来自关于个人关系的有限经验。毫无疑问，个人或亲密的团体内部拥有很高水平的"社会资本"，但特享与可共享的社会资本性质不同。后者是公共品，具有跨越个人或团体关系共享的属性，适用于公共事务领域。我们已经看到，之前 XW 从不缺乏特享社会资本，但它们没有对公共事务的处理起到"增强确定性"的作用。特享社会资本一般基于对人的了解——没有长期认识不可能积累起来信任合作；而通用社会资本则基于对规则的了解，如果存在同意且共享的规则，即使不太了解对象，甚至是对手，只要确信违规可以避免或处罚可以运转，基本的信任与合作就可以出现。有大量的事实可以证明这一点，比如民间签订合约合同，在中国也有很长的历史。

所以，公共规则的普遍运用将促进通用社会资本的生长。公共事务议题的特点是，多样的个人关联、异质的价值和利益、流动的参与者，多变的机会环境，等等。在这种复杂性面前，通过经验历史去了解所有人，成本高到几乎不可能实现。因此，不同于特享社会资本来自对人的信任，通用社会资本必须来自对规则的信任，对共同同意且共同经历的规则的信任，是价值和利益相异的人群可能合作的基础。以此推论，可以得出一点认识：特享社会资本与通用社会资本,是基于不同原则而立的两种社会资本,它们发生的机制不同,对于公共事务的作用也不同。

相比欧洲的历史经验——现代议事制度,更容易在政治分裂的社会产生①——XW案例还可以补充的是,新规则产生确需竞争的环境,但条件存在并非机制必然启动,因为分裂并不一定自动产生规则更新的结果。中间的机制也很重要,如果不是出现旧方法无法解决的困境,如果不能设想并愿意选择替代规则来解决问题,分裂完全可能陷于持续的权争,就像XW前20多年的情境一样,对立的双方虽然对抗,却秉持同样的亲疏有别原则。这样的冲突,看上去在打击决策腐败,却没有系统建设防止再腐败的新原则,虽充满竞争,但不是不同原则的竞争,虽截然对立,但不是不同原则的对立,如同黑格尔所言,这是(原地)循环,而非历史(进步)。②

这个问题的政策可能性在于提示,运用制度规则的突破进行自我改造,有助于打破群体冲突和控制权竞争的循环,提升基层社会治理的品质。

---

① Mark Dincecco, Yuhua Wang, "Violent Conflict and Political Development over the Long Run: China versus Europe", *Annual Review of Political Science*, 2018, 21: 341 – 358.
② 黑格尔:《历史哲学》,王造时译,上海书店出版社,2006年。

经济活动对文化观念的影响[*]

汉语常用政治、经济、文化分类社会现象，但这三个类别并非分量相等。文化作为经由历史形成的观念形态，可以包含道德信念、象征系统、认知模式、身份认同、生活习惯、非正式规则等，内容相当广义。文化能够为行动提供意义框架——对自身的理解，对价值的评价，对正当性的理据来源——所以常被视为更为基本的影响要素。因此，社会学多将文化看成各种活动的环境，强调其对行为——包括经济活动方式——的影响。

例如，文化社会学研究发现，不同民族衡量事务的重心倾向不同，"美国占据着中心位置的是市场论据，而法国则是国民一体性论据"[①]。这种排序差异——将一些原则置于前列，使之重要性高于其他标准——可以在社会现象

---

* 本文最初发表于《社会科学》2022年第4期，在此又经修订。
① 米歇尔·拉蒙、劳伦·泰弗诺：《探讨法美两国政体》，载于《比较文化社会学的再思考：法国和美国的评价模式库》，邓红风，等译，中华书局，2005年，第394页。

— 257 —

比较中发现。另一项经典研究亦有举足轻重的地位，它指出，集体主义文化观念，使个体限于分隔的社会团体，经济活动依赖小团体的内部交流及处罚能力；而个体主义文化观念，削弱了个体对特定团体的依赖，于是其他的社会政治协调形式，比如第三方法律组织实施制裁和限制的能力广泛提升。[①]

这些研究揭示，文化观念不仅支配着主流的社会评价标准，而且对个人与组织的关系、不同组织的角色及能力产生影响。它们代表了社会学对文化观念的主导性看法：行动者的实际选择是文化观念影响的结果。文化如同与生俱来的工具箱，其中的工具来自历史特定，人们会选择文化工具处理问题，就好比吃饭用筷子而不是叉子、办事找人而不是遵照规章、权利认定根据关系而不是法律……文化内嵌于生命历史，区别了他者，表达了我们是谁，它难以（也不应）变更，更没有对错，这种认知在社会学中不仅经典，而且已经相当模式化了：各种社会活动，如果它们显示出不同，没有其他的解释可以比文化差异更具无可辩驳性。

但我始终有一个问题萦绕心头：文化观念不会变化吗？上述认知模式假定文化内核不变，所以行为才有差

---

① Avner Greif, "Cultural Beliefs and the Organization of Society: A Historical and Theoretical Reflection on Collectivist and Individualist Society", *Journal of Political Economy*, 1994, 102(5).

异。但这一认知模式如果成为唯一，将产生两个缺陷——使观察焦点短程化，对历史变动失去敏感；使现象分析局部化，缺少系统比较的参照——这表现在，总是力图说明文化观念的不同，把它用于解释当前的差异行为，即用当前局部的文化观念正当化当前局部的行为差异。这样做当然展示了丰富性，但由于对大量新出现的社会现象缺少长程的（历史性的）、整体而系统的（相互支撑的）新认识，使社会学分析限于碎片化。文化解释模式的基本问题，是将熟悉等同于知识，站在一个道德制高点上，用自己熟悉的标准判断新现象，只将符合标准的事物正当化，将不符合标准的新生事物污名化，认为任何改变社会的力量，如果与原有的文化观念对立，都势必遭遇失败。这种论证模式支配着社会学的常规思维，不然就担心不够社会学。

问题是，这种模式和事实有多接近？看看周边的经验世界就会清楚。我们能够在社会中观察到大量文化观念的改变，比如，抑制公权力谋私利受到人们的广泛肯定，这显然不同于传统当官发财的文化观念；还比如，年轻人愿意应父辈要求承担生育责任的渐少，他们对彩礼、亲属关系义务的评价日渐负面，这冲击着从前正当的忠孝观念。这些变化并非属于代际分歧、需要磨合那么简单，因为它们包含着一系列基本信念的不同。辈分等级、孝敬祖荫和亲属庇护——这些文化观念存在多年，它们曾经作用于识别我们从哪里来，传承了什么，但如今很多无法兼容的冲突——用旧模式看属于文化背叛——在社会中频频出现。

怎样解释这些文化观念的变化呢？它是外来文化还是本地实践影响的结果？回答这些现象提出的挑战，需要跳出先前的思维模式，才能看到触发改变的力量究竟是什么。以乡村社会为例。社会学对乡村变化有很多描述：产业疲弱、安全及人际关系凋零、年轻人流出、留守儿童和老年问题出现、土地闲置或者流失、外来资本盘剥、缺乏人才、组织治理无力等。这些观察倾注了大量情感、同情和关怀，希望再建理想的乡村共同体。但这能否如愿以偿，取决于社会学对乡村共同体内聚的本质及其变化动因的认识。乡村共同体事实上是通过一系列关系、声誉、伦理和身份等级的系统化作用得到维系的，这些维系社会秩序的"东西"有很多成为文化信念。它们的真实情况如何？过去几年，我调研了一些地方，印象很深的有两个事实。

首先，从广东、浙江到宁夏的南部，我们看到的所有乡村再建，都是来自外部的动力——包括行政推动和资金来源：社会工作站正在基层普遍建立，但他们依赖政府购买服务；各种产业开发——民居文旅、采摘度假等，设施都是按照外部市场的需求、消费者审美，以不同于农民习惯的标准建设的。乡村产品的主要消费者不是本地农民，而是来自外部市场。在不少地方，农民不断迁出，将房子转为产业开发商用，自己成为收租者。亦有很多新组织——资本运营或咨询公司——应运而生，专门为投资方筹划建设方案、实施项目包装，包括"搞定"政府和农民的策略路径、雇佣本地人进入管理层、设定合约、入户签字等，以避免投资方和农民一对一谈判的高成本和不确定性。显然，大部分乡村建设依赖政府投入的资金，构建和外部市场的联系。这个过程，使得过往家庭（族）或村社经济的形态，出现了再组织化：从内向型经济向外向型经济、从乡村共同体向农企组织过渡。

其次，随着在村农民数量的大大减少，对于乡村建设，农民自身的被动性明显。他们自发且具有主动性的，主要还是寻找经济机会。在没有土地限制的地方，农民会集资建庙，不少人到庙里求安问事，娱乐社交。用社会学视角看，这和上面提到的情况不同，如果说产业的再组织化瓦解了旧有的乡村共同体，建庙宇实际上是在用农民自己的方法恢复乡村共同体的生活方式。但是由于各种原因，再建共同体的传统效力远不及产业化的影响，毕竟对于农民而言，就业和生存更重要。比如在甘肃种植"高原夏菜"、在云南种植反季水果的农户越来越多，他们放弃自己习惯的玉米、土豆等粮食种植，是因为蔬菜和水果可以在内地的淡季上市，有市场所以收益更大。如果不是粮食安全战略的种粮硬性要求，他们自己会根据生存机会和收益最大化作出选择。

这些现象，如果用前述模式看，很容易被定性为外在资本（或行政）力量侵入，试图"改造"传统习惯和共同体社会，其行动逻辑不符合农民本身的文化信念。但实际上，农民的文化观念与想象的恒定不同，它很大程度上受到经济活动及资源分配的影响。如果我们不是理想和价值先行，而是面对实际，就可以发现，人们更常见的反应，是调整自己的观念以适应新的生存环境，而不是用固有观念对抗生存所需。

经济活动及资源分配的变化

我观察到三个经济活动现象——土地资源分配、财产货币化、人口代际迁移——对农民的观念发生着影响。

土地资源分配（具体指农民宅基地的分配）正在发生变化。现在有几种情况不再批复宅基地：非农村户口——如果农村户口已经落户到城市，就不再享有农村建房权利。如果父母是农村户口，子女受教育后留在城镇工作，那么父母去世后，子女就不能继承宅基地。他们可以继承宅基地上的房屋，但等到房屋老化无法使用后，农村集体经济组织就收回该宅基地。因为农村宅基地的所有权属于集体经济组织，农民只有使用权，这种使用权会随着居住变化而消失。为了有效利用、盘活农村土地资源，多地开始整治一户多宅、空心村、空心房等问题，已有宅基地的有偿退出正在逐步开展。退出宅基地的补偿标准按照当地年均收入水平来定，补偿年限为30年，一般是一次性补偿完整费用，就此该农户对宅基地的使用关系彻底终止。

这些变化意味着宅基地只减不增，可以在乡村再获宅基地或继承宅基地的人越来越少。由于地权属于村集体，宅基地的使用者不能买卖，将其变现的可能性几乎是零。随着代际更替和人口迁移，大部分人未来主要依靠工资收入生活，而不是宅基地以及之上的房产。这将大大改变传统的乡村资源使用状况，祖宅作为个人资产的效用会不断降低。而共同体的社会关系，必须以局部共享的资源和财产支配为基础，社会关系（及其观念）因使用和保护资源而生，两者是共存而非无关的。

第二个现象是财产货币化。这提高了乡村部分财产的可转移性，使之可以具有新用途。比如上述宅基地退回，退回者拿到资金，可以去城里购置其他资产，这些资产又能变卖，将资金用于发展其他产业，使拥有的资源内容和所有者发生变化。还比如农民上楼，选择置换成几套小房产，以便在家人之间分配，对于不需在此房居住的家人来说，房子的居住价值可以转变成资产价值。这就在"资产传儿"的传统做法之外，产生了其他的选择机会，交易、赠予甚至传女纷纷出现，这可以解释为何有关老人财产继承的诉讼，在兄弟姐妹之间、亲属和外人之间大量涌现。它们实质上体现的是不同财产观念的冲突，而其前提一定是财产支配的方式出现了变化，财产货币化造就了新机会，人们力图捕捉并利用它们。量化历史研究已经证明了这一点：在金融机构较弱的省份，宗族文化的影响更为明显，因为家族资金对企业发展很关键。[①] 这说明宗族文化和财产利用有关，如果人们有其他方式获得并利用资金，比如金融和法律环境的有效改善，宗族文化的资金借贷作用就会弱化。

第三个现象是农民人口的代际迁移，年轻一代多数进入城镇就业并居住。全国第七次人口普查的结果显示，乡村人口迁出比预想情况实际上快很多，平均每年都有1 000多万农民转为城镇居民，大量村庄因人口原因而被撤并。2000年全国尚有自然村360万个，到2010年，90万个自然村就在中国版图上消失，平均每天约有近250个自然村在消失。[②] 农民为了娶亲成家、下一代教育和就业机会，选择到城镇购房安家。由农村进城的第二代还可能认识老家亲朋，保持部分社会关系来往，在父辈的要求下回老家烧香上坟。但第三代子女这么做的已经越来越少，他们和老家社会关系的联系，多为礼节、象征、做客或帮忙，而非实际需要和依赖。

---

① Cheng J, Dai Y, Lin S, et al. "Clan Culture and Family Ownership Concentration: Evidence from China", *China Economic Review*, 2021, 70. 中文版参见程佳滕、戴严祥等：《宗族文化与家族所有权集中度：来自中国的证据》，杨嘉琪编译，载于"Political 理论志"公众号，2022年1月5日。
② 周伟林：《中国村镇的死与生》，载于《文化纵横》2018年第3期。

这种变化在中国历史上实际早已出现，只是过程缓慢使人们视而不见。有研究指出，中国经济在 18 世纪就出现了很多前所未有的变化：农业专业化和商业化发展、米价上涨、财政改革、耕地面积扩大、土地集约化、大规模移民以及史无前例的人口增长。[①] 从那时起，乡村共同体实际上处于缓慢的动荡之中。作为一种组织方式，乡村共同体需要局部的财产共有和家系人际共享，人们依赖这些基础共居，产生共生关联。但是土地作为"资本"的价值上升之后，逐渐改变了农村经济的面貌，共同体式的合作互惠原则被侵蚀，"本地实施的超经济控制受到严重削弱，契约关系取代了此前住户和地主间的伦理道德关系"[②]，"土地作为一种可转让商品"的观念，逐步取代了"土地是不可剥夺的祖上家产"思想。[③] 显然，是经济活动的变化，改变了"超经济"的本地共同体支配资源的方式，而基于它出现的若干文化观念，处于缓慢的历史瓦解中，不过在今天大大加速了而已。

---

① 在 1794 年（乾隆五十九年），中国总人口已经达到 3.13 亿。参见布德茂：《过失杀人、市场与道德经济：18 世纪中国财产权的暴力纠纷》，张世明译，社会科学文献出版社，2008 年，第 48 页。

② 布德茂：《过失杀人、市场与道德经济：18 世纪中国财产权的暴力纠纷》，第 70 页。

③ 布德茂：《过失杀人、市场与道德经济：18 世纪中国财产权的暴力纠纷》，第 69 页。

共同体秩序及其观念变化

共同体的特点是局部公共性：所属者共享高密度的信息沟通和互惠来往、高强度的社会约束、有价值的财产和关系互赖。这种局部社会关系有自己的生态系统，表现为内向型的、共认的关系规则、伦理道德、声誉评价和身份等级，它们通过社会化过程延续，形成局部共约信念和秩序。共同体对违规者实施组织处罚相对容易，违规者的行动成本很高。共同体的边界一般清晰，内外有别，成员身份所属跟随出生而来，不可由个人选择而变更，共同体内人际交往有很高的辨识度，以人格化交易为特征。[①] 出于信任控制的本能，共同体展开经济活动的范围，限于熟人圈或者间接（介绍）的熟人圈，通过礼尚往来构筑人际历史信任，基于亏欠和还礼时差的社会关系持久维系不断重复，总体的互惠平衡十分坚固。这保护了内部人的生存和安全，加强了农民抵御生活风险、防范外来盘剥和不确定性的能力。[②] 而保持乡村共同体的方式，在于维持它的内向性，以共同体生存为优先原则，斯科特称之为集体生存

[①] 道格拉斯·诺思：《理解经济变迁过程》，钟正生、刑华译，中国人民大学出版社，2013年。

[②] 詹姆斯·C. 斯科特：《农民的道义经济学》，程立显，等译，译林出版社，2013年。

伦理。这通常表现在——限制内部差异和内部竞争（比如红利共享），保持内部权利、义务、责任的等级秩序（比如认干亲、送礼、孝敬），实施非正式控制（比如教化、批评、诋毁、孤立），强制共同分担自然灾害和物质匮乏风险（比如红白喜事打点）。

共同体秩序依赖以下要素获得巩固，它们作为一种观念体系和评判标准，为共同体社会所熟悉并特有：

- 声誉评价：好人而非坏人，对内和对外有不同尺度
- 规则控制：互惠，扶弱，内外有别
- 伦理道德：相互照顾，谦让而非竞争
- 身份识别：嫁娶区分，历史资源共享
- 等级辈分：长幼有序，长者权威
- 信息流通：内部快速多通道，对外则根据需要有选择地封锁信息

然而，如果诚实地面对事实，就不得不承认，随着财产和经济组织形态的变化，上述这些要素（观念体系）正处于衰落中，维系乡村共同体关系的深层规则——关系、声誉、伦理、身份和等级的约束性力量——日渐弱化，它们运用的范围有限，不再是实践选择的单一原则。衰落的原因在于内向型经济的转变。除了交通极其不便的地方，多数乡村正在以各种方式，主动或被动地加入外部经济市场，进入过去被视为陌生人支配的、有风险的、有竞争

的、更大的市场关系中。在这些新关系中，共同体观念对农民的保护作用非常有限。因为在降低风险、增强确定性方面，外向型经济的组织原则和通用伦理与共同体有别：

- 态度：照顾与竞争（能够产生更大价值的新竞争）
- 差序：等级与对等（服从既有权威与合约同意）
- 依靠：依赖关系保护与自立或依赖法律保护
- 标准：特殊主义（辨别对象是谁）与普遍主义（辨别行为如何）
- 信任：关系优先与行为优先
- 评价：地位关系与个人效能
- 信息：封锁与共享
- 资产：使用价值与经营价值

这些差异转化成大量的争议，多种舆论评价出现，社会进入伦理标准多元或者说道德重建的时期。表现在对——"什么是必要公正，怎样做是公正""什么是必要责任，怎样做算是负责""什么是必要义务，怎样做算是尽义务"——等问题的回答，出现了前所未有的分歧。社会流动和经济的一体化，促进了和陌生人一起生活和工作，人们的处世规则无法再由所属的共同体说了算，而是必须和不同的人、以多方接受的标准构建同意。这样，旧的内向型权威——比如村中长老——由于缺少外部经验很难再起作用，相反，可以一言九鼎的"乡贤"，多是经济成功者，他们有外部经验，懂得市场规则，善于和陌生人合作，能够在内外资源之间搭建桥梁。

显然，经济活动的复杂化促进了社会关系的异质化，人们要和来自不同共同体的成员发生关联并合作。应对这一改变，他们创设新规则来协调冲突与合作，运用新规则展开活动屡见不鲜。这些新规则不是对单一共同体关系的复制，调节也不是来自任何共同体内的等级权威，而是更大范围的公共体系。原先的共同体关系虽然没有完全消失，但缩小了发挥作用的领域。在我们的调研中，很多人试图"摆脱"共同体羁绊，他们认为旧的关系不仅适用场合减少，而且风险和维护成本很高。比如在浙江民企，私人关系或亲属愿意承担贷款担保的越来越少[1]；在义乌小商品市场，老板们反馈头痛又必须得做的事情，是"解聘"自己的亲属，不然就会成本高企，影响效益甚至拖垮企业。而亲邻共担曾经在共同体伦理中有极高价值，可现在为何熟人回避相互担责？因为外向型经济的不确定性增加了，人们要生存，就必须根据新的经济环境而不是旧有观念作出反应，他们的责任伦理（观念）变化了。

冲击共同体观念的经济活动到处都在发生，它本质上是人和资源的支配关系及机会捕捉的变化。比如，资源变

---

[1] 张静：《为何有些社会政策失去效果——基于试验区农贷下乡的调研》，载于《中国社会科学评价》2021 年第 3 期。

得可以流动、转包，通过租用改变用途，土地从作为不动产这种唯一价值，变为具有多种价值——作为合伙投资股份、可交易货币资产。这些转变使土地的流动价值提升，农民从直接的劳动者变成持租者或受雇人，他们可以利用土地或房产获得收益，不一定仅仅靠占有性劳动或自己居住。多元的农业产业价值出现，给农民带来不同的选择机会。由于土地的规模使用效益高于分散使用，取得同意的内部协调成本上升，传统支配资源的方式很难再发挥协调作用，人们必须寻找新的方式达成合作，一些地方为此建立了议事会，其活动原则与内向型共同体也完全不同。[①]

再比如，乡村组织生产的人变成企业家，企业要盈利才能生存，根本无法维持长期的照顾，所以他们运用的管理原则（比如计件制、岗位竞争），其标准越来越多基于劳动表现，而非亲疏远近。辨认关系的作用越来越成为辅助工具，而非主导原则，因为仅仅靠关系无法帮助他们在竞争中取得持续优势。随着农民和外部市场的联系逐步扩展，淘宝村、物流村、编织村、袜子村、箱包村，农民的产品通过网络销向更大的外部市场，村庄本质上不再是一个内向型共同体，而是受到更大市场体系约束的一个新的生产单位。其信用指标和结算模式也必须作出适应性改变——从不计较短期、基于长期"欠还关系"的互惠平

---

① 张静：《互不信任的群体何能产生合作?》，见本书。

衡，变成及时结算及交易约定，这与共同体中的原有文化习惯并不相符。乡村共同体的道义控制力减弱了，其传统价值——提供资源分配和风险保护的角色——越发不重要，因为通过内部规则和人际关系约束，实施处罚，解决信用问题的必要性降低了。逐渐地，人们认识到，共同体约束的成本十分高昂，新的处事原则程度不同地被接受、采用和普及。

我认为，这是过去 40 余年乡村社会最值得注意的变迁现象。

经济活动和社会规则的抽象化

上述变迁推动了社会规则的抽象化发展，一种重新标准化的进程出现了。抽象化发展，指规则的非人格化，不再针对特定对象的一般规则大量出现，并成为指导行动的广泛原则；重新标准化，指新设定的行为标准出现，社会处罚依靠行为评估而非关系认定。

这一切为何发生？与从前相比究竟有什么不同？

当经济活动变得越来越复杂，范围越来越扩展，成本比较开始发生，人们运用更具效率的选择作出反应。抽象化和标准化是这一反应的结果。在复杂经济中整合分散知识、控制交易信用方面，它比共同体伦理更有效率，成本更低。原来的人格化交易运用共同体伦理就可以解决，并不需要发展这些制度。[1] 共同体社会是围绕亲密的地方及个人关系构建的，而陌生人必须在与彼此的交往中发展出律例、约束和道德规范，这是旧世界的熟人社会无法提供的，因为规则根本不同。[2] 曾一度围绕地方与面对面交流的市场，被重新构建为抽象的空间，其中商品交换模式不再具有个人性，这样，"与陌生人交易"，以及在流动中生活秩序的建立，才会成为可能。

与陌生人共处被称为现代社会的"决定性特征"，它根本不同于共同体社会依靠的秩序原则，属于性质不同的社会关系。比如，从等级（单向）控制的服从秩序，到对等（双向）合约控制的同意秩序，面临的问题和处理方案完全是不同的。这是面对新的经济形态，为了更有效地解决问题，社会自然选择的结果，并非某种政策或主义的有意推动。在计划经济的30年，很多村庙都拆了，也没有破除共同体的社会观念。共同体是一种基于村社经济和财产形态的社会关系秩序。村社财产的共有支配，以及限制流动，客观上巩固着共同体社会秩序。而当流动社会出现，村社财产的共有及共享性降低，无论在情感上多么难以割舍，家乡在年轻人生命历程中都变得越来越不重要，因为他们一生的多数时间（以及下一代）都不在家乡生活，随

[1] 道格拉斯·诺思：《理解经济变迁过程》，2013年。
[2] 詹姆斯·弗农：《远方的陌生人：英国是如何成为现代国家的》，张祝馨译，商务印书馆，2017年。

着时间流逝，植根于个人和本地关系的原生关系模式势必难以为继。

社会学研究早已经发现，流动性和城市化的兴起，创造了一个以匿名和失序为特征的陌生人社会。由陌生人组成的社会，必须面对前所未有的差异性构建合作，一系列经济（比如交易信用）、政治（比如等级权威）和社会（比如依赖关系）生活的新问题出现，显然超越了地方共同体社会的控制能力，需要新的观念系统和规则支撑，需要差异性人群共同接受的标准，以及多元的客观评价。这助长了以抽象化、标准化行为为中心的——即形式化的——社会关系的形成。这一发展并不由我们是否习惯、是否喜欢所决定。

为什么内向型共同体发展出的观念会发生变化？因为经济活动推动了关联性扩展，使得人可以并不依赖一种组织（地方共同体）、一种社会资本（共同体内社会关系）生存。借用一对有力的理论概念——资产的专用性与通用性①——指称社会规则和观念，可以发现，共同体社会基于专用性资产形态，共享的范围有边界，其中的利益关联者、信息共享者、评价者、处罚者仅限于共同体社会内部，它可以内外有别，针对不同的关系使用不同的规则。

---

① 专用性资产（specific assets）指用于特定用途后被锁定、很难移作他用性质的资产。若改作他用则价值会降低，甚至可能变成毫无价值的资产，或者即使有价值，与为了获得这种资产进行的投入相比，成本高到资产的拥有者有损失。

但当经济规模和层次日益复杂化之后，人们处于分散的关联网络中，这和原来边界清楚、结构集中的内向型网络完全不同。[1] 当经济活动朝外向开展，社会关联的边界改变，专用性资产在更大范围的通用价值降低了。当农民作为主体进入更大的经济网络时，他所依赖的社会规则，包括背后的一系列观念，比如评价体系，很大程度上是通用的，而非专用于本共同体的。市场作为系统力量推动了规则的同质化过程——即通用性规则的普及，在此之前，经济活动处于若干差异性的地方体中[2]，但现代经济活动的广泛开展，已经使得情况大为不同。

经济活动跃出原来的组织关系、范围拓展及相互依赖的复杂性增加，是降低观念异质性、推动规则同质化的重要力量。在这一过程中，原有的时空经验不得不改变：人们和远端市场的距离拉近了，所属的组织绝不限于原生的、无可选择的共同体一个了，他们的选择丰富了，身份关联和组织归属多元了，规范其活动的规矩越来越难以个人化了。比如不能再靠村中长老调停商业活动纠纷，无法再依赖原生共同体施加保护，而必须依赖第三方的法律系统、银行系统、税务系统等，保障经济活动的确定性。这

① Yuhua Wang, "Blood is Thicker Than Water: Elite Kinship Networks and State Building in Imperial China", *American Political Science Review*, 2021.

② 有人类学家认为，亚洲和非洲历史上"没有经历同质化过程"，参见李竣石：《论差异性与共同性作为社会整合的方式》，载于李竣石、郝时亚主编：《再造异同：人类学视域下的整合模式》，吴秀杰译，社会科学文献出版社，2020 年。

意味着一系列组织结构的发展不可或缺，因为根本无法仅依靠个人有限的人脉或者共同体关系解决问题。在这些情况下，"权力和权威的性质——传统上应由地方和个人关系斡旋——不得不被重新定义……个人或权威对某一对象的认知都已不再足够"[①]，很多旧有的文化习惯随之作出应变。

具体的组织环境构造文化观念

需要进一步回答的问题是，如果经济活动推动了文化从差异走向同质化，为何有些文化信念瓦解了，有些还在保留？我认为，答案在文化的本质："文化不是博物馆藏品，而是日常生活中运作着、发生着的体系"[②]，是社会生活的展开方式。因此只对文化做静态比较是不够的，需要考察它对人类生活实现不同目的的效用。从效用的角度看，人们会根据自身的经验，对无效者扬弃，对有效者保留。在过去环境中曾经效用良好的文化，在新环境中的效用可能发生变化，导致人们不断对其作出新评价，根据他们的新需要选择保留的内容。

---

① 詹姆斯·弗农：《远方的陌生人：英国是如何成为现代国家的》，第78页。
② 托马斯·索威尔：《征服与文化：一部世界史》，蒋林译，中信出版集团，2023年，前言。

文化这个概念本身指向的是内在同质性及其外在区分性。[①] 在多数研究的假定中，文化凸显的是差异性，可以比较不同，但不能使用一个标准尺度衡量，因为不同的文化完全是不同的东西。文化可以当成区分性的单元，所以是复数的。极端的文化相对主义所设想的世界，由各自具有内部同质性的诸多"文化"组成[②]，人们普遍无法克服文化对自身的制约性，产生同质化的文化信念根本不可能。

如果这是真的，那么在同一文化环境下的行动者就不会在基本信念上产生分歧。可实际情况是，人们常常可以发现，在不同文化体系中生活的人可能具有相似的观念，或者在一个文化体系中生活的人可能具有不同的观念。当他们的职业环境（并非文化环境）改变时，他们的文化观念也随之改变。比如在中国东北的一个传统村庄，村民感叹"爷爷变成孙子"，"妇女上了天"，"敢打老婆的越来越少"，祭祖仪式和宗族意识减少，祖上和父母的权威下降……[③]显然，在这个村子里，辈分和性别的等级观念发生了变化，村民的行为和其他文化的表现形态更接近了——即同质化了，而不是差异更大了，但村民并没有离开自己的大文化环境，也有一些观念保留着，比如，对中

① 李竣石：《论差异性与共同性作为社会整合的方式》，载于李竣石、郝时亚主编：《再造异同：人类学视域下的整合模式》，第7页。
② 李竣石：《论差异性与共同性作为社会整合的方式》，载于李竣石、郝时亚主编：《再造异同：人类学视域下的整合模式》，第9页。
③ 阎云翔：《私人生活的变革》，龚小夏译，上海人民出版社，2006年。

国西南山区的民族志研究发现，农村社会关系对其行为保持着影响。经济学理论一般认为，小额信贷可以通过经济激励施加相互监督和处罚，促进集体合作。人们会谴责借钱不还的人，因为他们信用缺失，使村里其他人的贷款机会减少。但实际情况是，注重关系的村民实际上很少处罚失信者，他们给出的理由是："我们都住在这里很久了。这些贷款是小事，不值得为了它破坏村里的关系。关系比我们错过贷款更重要。"①

　　面对这些相反的事实，如何作出解释？我的回答是，有一个中介变量——局部组织环境——是巩固、改变或者消解某种文化信念的环境因。社会学通过大量的比较研究，已经揭示了观念变化和组织环境的关系。同样是在经济活动广泛开展的传统地区，人们生存在什么样的组织中，表现出的观念结果很不同。②组织环境既有实施处罚的力量，也有分配利益的力量，如果村民愿意维系一种关系，是因为他们知道，这种关系消失必带来更大损失，而他们不愿意承受这样的损失，是生存必须依靠的组织结构，使他们做出这样的决定，而不是由于文化观念。

---

① Becky Yang Hsu, "Alleviating Poverty or Reinforcing Inequality? Interpreting Micro-finance in Practice, with Illustrations from Rural China", *The British Journal of Sociology*, 2014,65(2):245 - 265.

② 阿历克斯·英格尔斯：《人的现代化：心理、思想、态度、行为》，殷陆君译，四川人民出版社，1985年。

人们的决定随着具体的环境而改变，观察实际就会发现具体的生活经验与观念的关系：乡村和城市的人具有不同的观念，正是他们所处环境的差异造成的。两个出生地一样的人，如果成年以后所处的环境有变化，他们在观念上的差异会增大，他们早年形成的同类观念也没有力量抗拒这种改变。相反，"当农村出生的人获得了与城市出生的人同样的教育，他们的差距几乎消失了。如果这两群人在工厂的经验相似，差距就更难看到。生活经验越是趋同，城市出生者对农村出生者的优越之处，就越是显著降低。我们在阿根廷、智利和阿尔及利亚的调查结果，证实了这一点"①。基于长期的调研数据，社会学者还发现，农民参与基本养老保险——置于某种组织制度的保护关系中——与传统生育观念的削弱，存在长期稳健的相关关系。②

具体环境对于维持或者改变观念的作用常常被忽略，原因是这些"环境"藏在生活背后，不一定通过明晰直接的法律条文呈现。在中国历史上，这类并非明确成条文的制度环境比比皆是。比如，虽然传统法典中并没有明示，产权所属的基本单位是家户，而不是个人，但是在财产的法律判决实践中，对家属近亲的继承或买卖的优先权，一

---

① 阿历克斯·英格尔斯：《人的现代化：心理、思想、态度、行为》。
② 阮荣平、焦万慧、郑风田：《社会养老保障能削弱传统生育偏好吗?》，载于《社会》2021年第4期，第216—240页。

直给予承认和重视：四川自贡的历史档案显示，合同上所列举的大批投资者，并非个人而是宗堂，但很多时候未写堂字，从而使西方研究者以为是个人。[①] 尽管一些"家"已经在法律上解体，比如分家、离婚、过嗣出现，但实际的"关联"并不会消失，这表现在有血缘或亲属关系者的诉求，仍会获得充分的考虑甚至照顾。越是依赖这种组织环境的生存者，越会重视这一点，相应的共同体观念就会得到保留。而那些并不依赖这种环境生存的人，对机会成本的预期完全不同。

　　具体所处的组织环境对于观念的影响，可以在实际中得到大量作证。比如，中国的生育观念，很大程度上和所处环境有关，在"小地方和大地方"工作的人，往往有不同的想法，尽管他们整体上共享一种文化观念。即便是在传统意义上的乡村，农民的生育观念也和他们实际的生活体验有关。比如山西农民侯永禄，在 60 年代的家用账目日记中，对于多生几个娃算了一笔账：

　　　　分自留地是大人小娃一样分，小娃挣不下劳动工
　　　分，却能分到和大人一样多的自留地，自留地产的和
　　　人家一样多，那口粮也就不会太低，而且毕竟小娃比

---

① 曾小萍：《对战前中国产权的评论》，载于曾小萍、欧中坦、加德拉编：《早期近代中国的契约与产权》，李超译，浙江大学出版社，2011 年，第 32 页。

大人饭量小……①

　　侯永禄的计算让我们看到具体的制度环境——自留地分配——对于生娃观念的决定作用。他发现，孩子多反而可能使家中有口粮剩余，因为村里的自留地分配按照人口数量计算，多一个娃就多分一份自留地。这种具体的制度客观上巩固着农民多子多福的生育观念。所以文化观念需以制度的形态存在才能保存下来，制度变化，文化观念就失去土壤而不存。比如，如果福利制度普及了，子女作为养老保障的价值降低了，那么持续千年的传统生育观将会受到影响。越是市场经济发达的东南地区，宗族观念就越发达②，因为宗族是保护财产的一种特有社会组织方式。虽然这些文化观念的改变不一定不可逆，但只要观念存在的基础——经济活动的样式及其制度——继续，观念或者更大范围的文化信念，必将作出相应的协调反应，以适应人们在新环境下生存的需要。所以文化观念并非不变。

---

① 侯永禄：《农民账本》，人民文学出版社，2012年，1962年2月24日。转引自宋怡明：《如何利用个人资料研究当代中国社会生活：以侯永禄为例》（2021年12月19日，在复旦大学国际合作部双一流项目发展基金支持的国际研讨会上的发言）。

② 参见燕京书评对彭波的采访：《小农意识被批百年，有多少人了解它的内涵？》，2021年12月28日，https://i.ifeng.com/c/8CMj5zmLCMv。

扩展讨论

作为总结，我想讨论两个问题。

首先，在经济活动的冲击下，文化观念为何很难保持原样？文化观念是一种社会性现象，只在一个人的信念中保留不行，必须成为多人的信念才可以叫作文化。文化观念表现为两种形态，一是习惯性的生活方式，比如吃什么、穿什么、用什么、如何交流等，婚礼、祭拜、走访等，本质上都是在通过社会活动交流、习得和传承文化习惯，形成共识性社会承认。文化观念的第二种表现形态，是精神层面对意义和价值的理解，它解决行为的意义问题：为何这么做是有价值的。这种理解提供了保持该文化观念的正当性，并使持某一文化信念的群体和其他群体区别开来。

保持文化观念，对于价值和意义的理解是关键。价值不是抽象的，它必须经由经历的检验，被证明有用、有益于自身的生存，人们才能够相信它有价值。对价值和意义的理解，依赖实际效用的支撑。比如人们一直相信补酒可以强身，但是当发现它损坏了自己的肝肾，这一信念就会因无效而逐渐瓦解。经济是不断创造新经验的活动，而人类是从经验中学习的动物，当养儿防老、升官发财、依赖关系等观念的实际效用降低，对其价值和意义的信念自然会发生无法抵挡的减弱。有学者已经证明，在中国，和权力机构有关联的企业组织，更相信关系的权威，而无关联或关联较弱的企业组织，更相信法律的权威。[1] 我们的各种调研数据也显示，比较而言，市场环境（比如企业）和非市场环境（比如公务系统）下的就职者，持有的观念有所不同。[2] 这些事实表明，实践效用对于观念保持具有重要意义：人类活动的实际经验可以改变某种已有观念的价值。

其次，与此相联系的一个更大问题是，中国有一个持久不变的、支配各种行为的、整体的文化观念吗？如果说过去曾经存在这样一种文化观念，那么它在今天还遗留下来多少？它们在多大程度上影响中国人现今及未来的行为？如果我们把文化观念作为客观现象的陈述，而非一种书本记载、想象或期待的表达，就会产生这样的疑问。说有一种特有的文化观念控制着行为，这实际上更像是在谈论意识形态支配（它以对某种系统化主义的信仰为特点），而不是文化影响。不断论证一种文化观念的持续性，恰恰反映出对观念变化现实及其中心地位不稳的担忧。

但实际的情况是，无论中国传统文化观念在历史文献中有多么真实，大量事实告诉我们，它在近百年的经济社

---

[1] Wang Yuhua, *Tying the Autocrat's Hands：The Rise of the Rule of Law in China*, Cambridge University Press, 2015.

[2] 张静、董彦峰：《组织分化、政治整合与新时代的社会治理》，载于《文化纵横》2018 年第 4 期。

会变迁中，都已经发生了一些关键改变。如果观察实际，尤其是千千万万中国年轻人的选择，就可以看到，他们的行为所依据的基本原则，与中国传统的文化观念已经存在很多不同。不少东西名字依旧，但内容、依据和原则，实际上在经历革命性变化。我们必须意识到，人类所面对的基本社会环境——包括经济、政治、科技——和从前相比已经大大不同，面对这些基本环境的新挑战，人总是和环境不断交换信息，创新观念乃至重构价值，以应对不确定性，解决从前不曾有过的新问题。如果对正在发生和将要发生的事情没有足够的了解，为何可以确信历史中形成的一套文化观念，（有能力）帮助我们理解这个世界并展开行动？

是故，我对那些解释当前和今后中国人的行为时过分强调文化观念的模式，一直抱有怀疑态度。虽然可以理解这种守望，但毕竟它们不是事实，尤其是从历史长程的角度看。因为很多文化观念的存在，是由于它可以维护资源支配的某种形态，一旦这些资源形态在经济活动中发生改变，原有的支配方式失去效用，如同釜底抽薪，相应的文化观念也会变化。